Milton Keynes UK
Ingram Content Group UK Ltd.
UKHW050231151124
451205UK00019B/678

9 781326 875046

رفقاً بقلبك

إعداد
مجدي سليمان

بطاقة الكتاب

اسم الكتاب: رفقاً بقلبك

المؤلف: مجدي سليمان

التنسيق والإخراج الفني: سليل الفراعنة

تصميم الغلاف: --------

المقاس: 21×14.8 (a5)

الطبعة الأولى: 2024

رقم الإيداع: --------/2024

(ISBN):
978-1-326-87504-6

المدير العام: أحمد فؤاد

للتواصل: 7919 076 0109

العنوان: ميدان المساحة – الدقي – الجيزة

جميع حقوق طبع ونشر هذا الكتاب محفوظة لدى دار صيد الخاطر للنشر والتوزيع والمؤلف، وأي محاولة لطباعة الكتاب بأي شكل من الأشكال دون الرجوع إلى الدار والمؤلف يعرض صاحبه للمساءلة القانونية

رفقاً بقلبك

إعداد

مجدي سليمان

صيد الخاطر
للنشر والتوزيع

مقدمة

في عالم مليء بالتحديات والصعاب، تبقى الحياة رحلة متقلبة بين فرح النجاح وحزن الهزيمة، بين أوقات السرور ولحظات الألم. يعيش الإنسان في مدارج متعددة، يتقلب فيها بين الفرح والحزن، ويختبر في كل دورة تجارب جديدة تجعل قلبه يتقلب كالمد والجزر.

في هذا الكتاب نسعى لاستكشاف تلك الأبعاد المختلفة للحياة والتحديات التي تطرق أبواب قلوبنا، وكيفية التغلب عليها بالطرق التي أوصى بها القرآن الكريم والسنة النبوية الشريفة .

إنه رحلة تجاوز الحزن واستعادة طمأنينة القلب، رحلة نحو السعادة والسلام الداخلي.

إنَّ المقصد من الكتاب جلْبُ السعادةِ والهدوءِ والسكينة وانشراحِ الصدرِ، وفتحُ بابِ الأملِ والتفاؤلِ والفرج والمستقبلِ الزاهرِ. وهو تذكيرٌ برحمة اللهِ وغفرانِهِ، والتوكُّلِ عليه، وحسنِ الظنِّ بِهِ، والإيمانِ بالقضاءِ والقدرِ، والعيشِ في حدودِ اليومِ، وتركِ القلقِ على المستقبلِ، وتذكُّرِ نِعَمِ الله -. وهو محاولةٌ لطردِ الهمِّ والغمِّ، والحزن والأسى، والقلقِ والاضْطرابِ، وضيقِ الصدرِ والانهيارِ واليأسِ، والقنوطِ والإحباطِ.

رفقا بقلبك ولا تقلق... إنه شعار أريد أن يرفعه كل مبتلى لنغرس الأمل في صحراء اليأس.... ولماذا اليأس؟!

إن الدنيا ساعة وسوف تمر بحلوها ومرها... والأحزان كلها إلى زوال.

إما أن ترحل عنك برفع البلاء وإما أن ترحل أنت عنها بالموت. وهناك... وما أدراك ما هناك؟!!... هناك جنة عرضها السماوات والأرض أعدها الله - عزَّ وجلَّ - لأهل الإيمان... فيها ما لا عين رأت، ولا أذن سمعت، ولا خطر على قلب بشر.

✻ ✻ ✻

إهداء

إلى كل من يبحث عن ضوء في ظلمة الحزن، ويسعى لإيجاد طريق نحو طمأنينة القلب، إلى كل من يعاني من أوجاع لا تشفى بالدواء، ويبحث عن شفاء للروح، إلى كل من يحمل قلبًا يتوسد أعباء الحياة بصبر وإيمان، هذا الكتاب معززٌ لكم، وموجهٌ لكم. لتكن كلماته شعلة تنير دروبكم، وتشعل فيكم الأمل والتفاؤل والطمأنينة.

❋❋❋

1

تفكر في نعم الله واشكره عليها

{الْحَمْدُ لِلَّهِ رَبِّ الْعَالَمِينَ} { وَقَلِيلٌ مِنْ عِبَادِيَ الشَّكُورُ }

أنعم الله علينا بنعم لا حصر لها

﴿ وَآتَاكُم مِّن كُلِّ مَا سَأَلْتُمُوهُ وَإِن تَعُدُّوا نِعْمَتَ اللَّهِ لَا تُحْصُوهَا ﴾

تفكر في سمعك وأن الله ابتلي غيرك بفقدان هذه النعمة

تفكر في بصرك وغيرك يتمني أن يري

تفكر في كل عضو فيك وما هي قيمته

استخدم نعم الله عليك في طاعته واشكره دوما عليها

فكر في نفسك وأهلك وعملك وعافيتك وأصدقائك

فكر في سمعك وقد عفاك الله من الصمم

فكر في بصرك وقد عفاك الله من العمي

نعم الله كثيرة جدا، ولكن نحن لا نشعر بها لأننا لا نتفكر (وإن تعدوا نعمة الله لا تحصوها)

فالنعم ظاهرة في الأبدان والأوطان وباطنة في الأنفس (وأَسْبَغَ عَلَيْكُمْ نِعْمَه ظَاهِرَةً وَباطِنَةً)

إننا نحنُ البشرُ نفكِّرُ فيما لا نملكُ، ولا نشكرُ الله على ما نملكُ، وننظرُ إلى الجانبِ المأسويِّ المظلمِ في حياتِنا، ولا ننظرُ إلى الجانب المشْرقِ فيها، ونتحسَّرُ على ما ينقصُنا، ولا نسعدُ بما عندنا، ﴿ لَئِن شَكَرْتُمْ لأَزِيدَنَّكُمْ ﴾، ((وأعوذُ باللهِ منْ نفسٍ لا تَشْبَعُ)).

فالشاكرُ أنعمُ الناسِ بالاً، وأحسنُهم حالاً.

> قيّدْ خيالَك لئلا يجمحَ بك في أوديةِ الهمومِ، وحاولْ أن تفكرَ في النعمِ والمواهبِ والفتوحاتِ التي عندَك.

2
لا تكن فارغًا

(فَإِذَا فَرَغْتَ فَانْصَبْ وَإِلَى رَبِّكَ فَارْغَبْ)

يجب أن تكون أولوية المسلم هي طرد الفراغ من حياته حتى لا يكون عُرضة للهم والحزن، فالفراغ يجعلك تُفكر في الماضي، والمستقبل، والهموم، والغموم. الفراغ قاتل، قم بالصلاة واستغفر، وطور من ذاتك، وتعلم أمرًا جديدًا، وطور من نفسك، ورتب أمور حياتك. فنعمة الوقت من النعم التي يغفل عنها الكثيرون، فاستغل هذه النعمة وسترى الخير الكثير والتغيير في كل شؤونك.

قال النبيُّ -صلَّى الله عليه وسلَّم-: (نِعمَتان مَغبُون فيهما كثيرٌ مِن الناس: الصِّحَّة والفَراغ).

إن الانعزال في غرفتك مع الفراغ والتفكير بلا هدف طريق للانتحار. فلماذا الاستسلام أمام كتائب الأحزان؟! ألا فلتهتف ببصرك وسمعك وقلبك: "انفروا خفافًا وثقالًا"، تعال لتقرأ القرآن، ولتسبح، وتكبر، وتهلل، وادع. هي دعوةٌ لاستثمار الوقت، فلا تميل إلى الكسل والتراخي، وإذا فرغتَ من عملٍ نافع مفيد فأتبعه بمثلِه، فإنك يوم القيامة مسؤولٌ عن عمُرك فيمَ أفنيتَه؟ اجعل رغبتَك إلى الله تعالى وحدَه في جميع مطالبك الدنيويَّة والأخرويَّة، وترفَّع ما استطعتَ عمَّا في أيدي الناس، واستغنِ عن غير ربِّك.

✸ ✸ ✸

> لا تستسلمْ للحزن عن طريقِ الفراغِ والبطالةِ، صلِّ.. سبِّحْ اقرأْ.. اكتبْ.. اعملْ.. استقبلْ.. زُرْ.. تأمَّلْ.

3

قضاء وقدر

(مَا أَصَابَ مِن مُّصِيبَةٍ فِي الْأَرْضِ وَلَا فِي أَنفُسِكُمْ إِلَّا فِي كِتَابٍ مِّن قَبْلِ أَن نَّبْرَأَهَا)

سبقَ قضاء الله بكلِّ ما كان ويكون، فلا تذهَب نفسُك حسرةً وكمدًا، بل أطفئ نارَ مواجعك ببَرد اليقين، واخضع لأمر الله بالرِّضا والتسليم.

الإيمانُ بالقدَر والتسليمُ له عن رضًا وطِيب خاطر بَلسَمٌ لنفس المسلم يشفيها من أدوائها.

"قدَّرَ الله عليك الأمور وكتبها عليك، وكل تدابير الله خير. فالله يدبر الأمر من السماء إلى الأرض بيده الخير، وهو الرزَّاق. وكما ورد عن النبي: "ما أصابك ما كان ليخطئك، وما أخطأك ما كان ليصيبك". واعلم أنك مأجور على كل هم، أو غم، أو قلق، أو مصيبة، فالله يكفر عن عباده بكل مصيبة أو هم أو غم.

"جفَّ القلم بما أنت لاق. ما أصابك لم يكن ليخطئك وما أخطأك لم يكن ليصيبك. أهدأ واطمئن طالما أنك أخذت بالأسباب، ولا تقل: رَحِمَهَاٱللَّهُلو أني فعلت كذا لكان كذارَحِمَهَاٱللَّهُ، ولكن قل: قدَّر الله وما شاء فعل."

طمئن قلبك فالإيمان الراسخ بقضاء الله وقدره والتسليم لحكمه يجعلك من المأجورين وانتظار فرج الله عبادة.

ماذا لو كُشفتْ لك ستورُ الغيب؛ فرأيتَ أن أوجاعك كانت سببًا لعافيتك في الآخرة؟! وأن عثراتك كانت سببًا لارتفاعك في الجنة؟! وأن ابتلاءاتك كانت سببًا لتمكينك؟! وأن خيباتك كانت سببًا لصلابتك في مواجهة الحياة؟!

إن القضاء سوف ينفذُ لا محالة، على القابِل لهُ والرافضِ لهُ، لكنَّ ذاك يُؤجَرُ ويسْعَدُ، وهذا يأثمُ ويشقى.

4
لطف خفي

(إِنَّ رَبِّي لَطِيفٌ لِّمَا يَشَاءُ)

ستدرك أن ما ظننته ما كان ليكون إلا ليفاجئك الله بقضاء حاجتك واستجابة دعواتك، ولكن في الوقت المناسب.

هناك لطف خفي يكتنف العبد، من أمامه ومن خلفه، وعن يمينه وعن شماله، ومن فوقه ومن تحت قدميه. صاحب اللطف الخفي هو الله رب العالمين. فقد انطبقت الصخرة على أصحاب الغار، وأنجى الله إبراهيم من النار، ونجى موسى من الغرق، ونجى نوحًا من الطوفان، ويوسف من الجبِّ، وأيوب من المرض.

ولتعلم أن الشدائد تقوي القلب وتمحو الذنب، وهي ذوبان للغفلة واستسلام للواحد القهار، وهي تعرفك حقيقة الدنيا، فلا تركن إليها.

وما خفي من لطف الله أعظم، وما ستر من ذنب الله أكثر، وما عفي من الخطأ أجل. ما أروع أن تستشعر أن الله رفق بك في أمورك!! وأن تدرك أن نجاتك كانت بلطف من ربك!! وأن ما سيأتيك سيكون بإرادته الحكيمة!! فلا تقلق، فأنا مطمئن بقدرة ربي. إن ربي لطيف لما يشاء، إنه العليم الحكيم.

بحكمته اختار لك أقدارك، وبعلمه قضى عليك محنك ومسراتك. سبحانه ربي وربك، سبحانه. مهما مضى ومهما أتى، سيظل قلبنا مطمئنًا في وجه كل همومنا.

❈ ❈ ❈

اطمئنَّ أيُّها العبدُ، فقدْ فُرِغ من القضاءِ،
ووقع الاختيارُ، وحَصَلَ اللّطفُ، وذهب
ظمأُ المشقَّةِ، وابتلَّتْ عروقُ الجهدِ، وثبت
الأجرُ عند منْ لا يخيبُ لديهِ السعْيُ.

5
هلا دعوته

﴿ وَقَالَ رَبُّكُمُ ادْعُونِي أَسْتَجِبْ لَكُمْ ﴾

كان عمرُ -رضي الله عنه- يقول: (إني لا أحمل همَّ الإجابة، وإنما أحمل همَّ الدعاء، فإذا أُلهمتُ الدعاءَ فإن الإجابة معه).

صِدق التضرُّع إلى الله بالدعاء يطهِّر الصدورَ من العُجب والكِبرياء، ويَشفي النفوسَ من كلِّ آفةٍ وداء، فألحُّوا على ربِّكم بالرجاء.

كان سفيان الثوريُّ يقول: (يا مَن أحَبُّ عباده إليه مَن سأله فأكثرَ سؤالَه، ويا مَن أبغضُ عباده إليه مَن لم يسأله، وليس أحدٌ كذلك غيرُك يا رب).

إذا نزلت بك المصائب وألمت بك الهموم فالهج بذكره، واهتف باسمه، واطلب مدده، واسأل عن فتحه ونصره. مد يديك، ارفع كفيك، ألح على الله، انتظر لطفه، ترقب فتحه. اشد باسمه، أحسن ظنك فيه حتى تفلح وتسعد. الله عندما يكون حسن ظن العبد به، فأحسن ظنك وادعوه وأنت موقن أنه سيستجيب. ادع الله وتقرب منه، وتأكد أنه لن يخذلك أبدًا. الدعاء هو العبادة، وهو الذي يقلب القضاء.

واعلم أنه لو تحرى المسلم أوقات قبول الدعاء، والتزم آدابه، فلن يردَّ الله دعاءه أبدا، وسيكون أمره بين حالات ثلاث:

الأولى: أن يستجيب الله لصاحبه في الدُّنيا.

الثانية: أن الله يدفع بهذا الدُّعاء بلاءً قد كان يقع على هذا الداعي؛ فالدعاء صاعدٌ، والبلاء نازلٌ، فَيَتَعَالَجَانِ -أي يتصارعان-، فمن رحمة الله بعبده أن يَصْرَعَ الدُّعاءُ البلاءَ؛ فلا يقع على هذا العبد هذا البلاءُ بسبب دعائه.

الثالثة: أن الله يدَّخر لهذا العبد تلك الدَّعوة في الآخرة، ويعوِّضه عن ذلك خير عِوَضٍ، فاللهم استجب دعواتنا.

> إليه يصعدُ الكلِمُ الطيبُ، والدعاءُ الخالصُ، والهاتفُ الصَّادقُ، والدَّمعُ البريءُ، والتفجُّع الوالِهُ.

6

﴿ وَمَا مِن دَابَّةٍ فِي الْأَرْضِ إِلَّا عَلَى اللَّهِ رِزْقُهَا ﴾

فلتطمئن القلوب إلى كفاية من تكفل بأرزاقها، وأحاط بذواتها وصفاتها.

الله يرزق الطيور في أعشاشها، والحيوانات في الصحاري والقفار، والدودة في قلب الحجر، والنملة في الصخر، فكيف يقلق من له رزقٌ؟! فالرازق لم يجعل الرزق في يد أحد، بل جعله في السماء، كما قال تعالى: "وَفِي السَّمَاءِ رِزْقُكُمْ وَمَا تُوعَدُونَ"، فما في الأرض من بشر هم أسباب.

فالله جعل لكل شيء قدرًا، فلن تموت نفس حتى تستوفي رزقها. رأى النبي -صلى الله عليه وسلم- رجلًا يميل ليلتقط تمرة، فقال: "لو لم يأتها لأتته".

فالله هو الرزَّاق الواحد الأحد، عنده رزق العباد وقد تكفل بذلك. إذا كان الله هو الرزَّاق، فلماذا يتملق البشر البشر؟ ولماذا تهان النفس لأجل البشر؟

لا تَخَف على نفسك من ذهابِ الرزق، فإن رزقَك قد ضُمِنَ لك، ولكن خَف عليها من انحرافك عن طريقِ النجاة، فإن النجاةَ لم تُضمَن لك.

ما من حركةٍ لمخلوقٍ من مخلوقاتِ اللهِ ولا سكَنةٍ إلا وهي عند الله مكتوبة، فالسعيدُ من راقبَ حركاتِه وسكَناتِه.

❋❋❋

> ما يفتح الله للناس من رحمة فلا ممسك لها. لا تهن نفسك، ولا تتملق أحدا، خذ بالأسباب واجتهد في عملك، والله سيرزقك لا محالة

7
انتق من تناجي

﴿ وَلَقَدْ نَادَانَا نُوحٌ فَلَنِعْمَ الْمُجِيبُونَ ﴾

في مواقفك العصيبة، انتق من تناجي. فليس الكل يسمعك، وليس كل من يسمع يجيبك.

عن أبي موسى الأشعري -رضي الله عنه- قال: كنا مع النبي -صلى الله عليه وسلم- في سفر، فكنا إذا أشرفنا على وادٍ هللنا وكبرنا وارتفعت أصواتنا، فقال النبي -صلى الله عليه وسلم-: "يا أيها الناس، اربعوا على أنفسكم، فإنكم لا تدعون أصمًّا ولا غائبًا، إنه معكم، إنه سميع قريب".

فهو السميع البصير القريب المجيب، إذا أتاه العبد يمشي أقبل عليه وأحاطه برعايته وحكمته.

دعوكم من سؤال البشر، وأقبلوا بالدعاء على خير مسؤول، فإنه حاشاه سبحانه أن يردَّ دعاء مخلصٍ صادق إلا بحُسن الإجابة.

✸ ✸ ✸

> دعونا من سؤال البشر، ولنقبل على الله، وننطرح على عتباته؛ فهو القريب المجيب...

8
حسبنا الله ونعم الوكيل

عن ابن عباس: حسبنا الله ونعم الوكيل، قالها إبراهيم -عليه السلام- حين ألقي في النار، وقالها محمد ﷺ حين قالوا: {إن الناس قد جمعوا لكم فاخشوهم فزادهم إيمانا وقالوا حسبنا الله ونعم الوكيل}

هل تشعر بضعفك وبأن الدنيا أقوى منك؟ هل تشعر أن طائرًا قد جرح جناحيه؟ هل لديك أشياء تخشى عليها؟ هل ألمت بك الخطوب؟

ادعوا الله الوكيل واهتفوا باسمه، فاتخذوه وكيلاً، فهو نعم الوكيل. لا ينبغي أن تتوكلوا إلا عليه، ولا تلجؤوا إلا إليه، وأن لا تضعوا ثقتكم إلا فيه. توكلوا على الحي الذي لا يموت.

لم يعد للخوف وجود، ولا للتردد مكان، ولا للاحتمالات سبب. الله سيحول جميع مشاكلكم إلى حلول.

هل تعلم لماذا يكفي أن تتوكل على الله؟ هناك سبب مقنع، وهو أنه سبحانه يملك السماوات والأرض، وكفى بالله وكيلاً.

ومتى كان العَبْدُ حَسَنَ الظنِّ بالله، حَسَنَ الرجاءِ له، صادقَ التوكُّلِ عليه فإن اللهَ لا يخيب أمله فيه، فإنه سبحانه لا يخيب أمل آمل، ولا يضيع عمل عامل.

✼ ✼ ✼

> أمانيك مع الله تتحقق
> تطلعاتك واقع معاش
> رغباتك ستهدي إليك
> أشواقك ستهب عليك

9

لا تيأس من روح الله

(قال ربِّ إنِّي وَهَنَ العَظْمُ مِنِّي وَاشْتَعَلَ الرَّأْسُ) (قال رب أنَّى يَكُونُ لِي غُلَامٌ).

مهما كانت دواعي اليأس حولك كثيرة، ومهما قالوا إنه لن يحدث ما تتمناه، فلم ييأس ذكريًّا -عليه السلام- رغم دواعي اليأس من حوله. فقد وهنَ عظمه واشتعل رأسه شيبًا، وكانت امرأته عاقرًا، فكلُّ حسابات الأرض تقول بأنه من المستحيل أن تنجب زوجته ولدًا له. لكن حسابات الله -عز وجل- فوق كل الحسابات، فهو القادر، وهو على كل شيء قدير.

فأخذ ذكريًّا -عليه السلام- يناجي ربه ولم ييأس حتى رزقه الله وبشَّره.

عامل الله باليقين الصادق، فلا تيأس من روح الله، ولا تقنط من رحمته، ولا تنسَ عون الله. المعونة تأتي على قدر المؤونة.

إن الأمل أنوار كاشفة في طريق الحياة، وأنسام ناعمة تريح القلب والفكر والجسم، وقد جاء في الحديث الشريف القدسي: (قال الله -عز وجل-: أنا عند ظن عبدي بي وأنا معه حيث يذكرني) متفق عليه. وعن جابر بن عبد الله أنه سمع النبي -صلى الله عليه وسلم- قبل موته بثلاثة أيام يقول: (لا يموتن أحدكم إلا وهو يحسن الظن بالله). إننا نريد أن نضع نصب أعيننا هذا المنهج القرآني (إنه لا ييأس من روح الله إلا القوم الكافرون) وبالعمل والأمل نبني الدنيا والآخرة.

❋❋❋

لا تيأسْ من روحِ الله، ولا تقنط من رحمة الله، ولا تنس عون الله، فإن المعونة تتنزل على قدر المؤونةِ.

10

الثبات من الله

﴿ وَلَوْلَا أَنْ ثَبَّتْنَاكَ لَقَدْ كِدْتَ تَرْكَنُ إِلَيْهِمْ شَيْئًا قَلِيلًا ﴾

إياكَ أن تظنَ أن الثباتَ على الطاعةِ أحدَ إنجازاتِكَ الشخصيةِ، فالله قالَ لسيدِ البشرِ: "لولا أن ثبتناك". هدايةُ اللهِ ليستَ بفضلِكَ، بل محضُ فضلٍ من اللهِ.

قالَ عيسى -عليه السلام-: "لا تنظروا في ذنوبِ الناسِ على أنكم أربابٌ، وانظروا في ذنوبِ الناسِ على أنكم عبيدٌ، فإنَّ الناسَ صنفانِ مبتلًى ومعافى".

الجأ لربكَ في كلِّ وقتٍ. "إياك نعبدُ وإياكَ نستعينُ". "اهدنا الصراطَ المستقيمَ".

ينبغي للعبد أن يكونَ في كلِّ أوقاته متضرِّعًا إلى ربِّه أن يثبِّته على الإيمان، ساعيًا في كل سبب موصِلٍ إلى ذلك؛ لأن النبي ﷺ -وهو أكملُ الخَلق- قد خُوطب بهذه الآية، فكيف بغيره؟!

***

> الجأ إلي صاحب الفضل دائما، واستشعر فضله عليك
> إنك من الطامعين ولست من المطرودين

11

مَا عِندَكُمْ يَنفَدُ وَمَا عِندَ اللَّهِ بَاقٍ

ما تريدُ حفظَه وتثميرَه، فوجِّههِ إلى الله تعالى، فما عند الله يُحفظ، وينمو، ويَعظُم.

كيف يحرِصُ عاقلٌ على ما يَنفَد، ويتركُ ما يبقى إلى الأبد؟! فالدنيا كلُّها إلى نفاد، والآخرةُ إلى بقاء أبدَ الآباد.

كان لحفصةَ بنتِ سيرين ابنٌ عظيم البرِّ بها فمات، فقالت: (لقد رَزَق اللهُ عليه من الصبر ما شاء أن يَرزُق، غيرَ أني كنت أجد غُصَّةً لا تذهب، فبينما أنا ذاتَ ليلةٍ أقرأ، إذ أتيتُ على هذه الآية، فأعدتُّها، فأذهب اللهُ ما كنت أجد).

خزائن الله مليئة بجوده الذي لا ينتهي، رحيم، منعم، بر، كريم. ما تُريد حفظه وجهه إلي الله، فما عنده يبقي وينمو ويعظم. حسناتك، صدقاتك، طاعاتك التي تفعلها بإخلاص لله، هي عنده محفوظة باقية.

عن سلمان -رضي الله عنه-، عن رسول الله -صلى الله عليه وسلم-، قال: "إن ربكم حَيٌّ كريم، يستحيي من عبده إذا رفع يديه إليه، أن يَرُدَّهُمَا صِفْرًا". بلفظ: "إن الله رحيم حَيٌّ كريم يستحي من عبده أن يرفع إليه يديه ثم لا يضع فيهما خيرًا".

خزائن الله ملأى لا يُغيضها نفقة سحاء الليل والنهار، وقال: "أرأيتم ما أنفق سبحانه وتعالى ينفق، أرأيتم ما أنفق منذ خلق السماوات والأرض؟ فإنه لم يغض ما في يده". وقال: "وعرشه على الماء، وبيده الأخرى الميزان، يخفض ويرفع".

***

“

لا تيأسَنَّ وإنْ طالت مطالبَةٌ إذا استعنتَ
بصبرٍ أن ترى فرجَا
أَخلِقْ بذي الصبرِ أن يحظى بحاجته
ومُدمنِ القَرعِ للأبوابِ أن يَلِجا

”

12
حسن الظن بالله

﴿ الَّذِينَ يَظُنُّونَ أَنَّهُم مُّلَاقُو رَبِّهِمْ وَأَنَّهُمْ إِلَيْهِ رَاجِعُونَ ﴾

كلُّ متوقعٍ آتٍ، فمنتظرُ الفرح سيحصل عليه، وصاحبُ اليقين سيحققُ أمانيه، ومُسِيءَ الظنّ سينال ظنّه.

وفي الحديث القدسي: "أنا عندَ ظَنِّ عبدي بي، فليظنّ بي ما يشاء".

فيا من كثرت همومه واشتكى من الأرق والهم والغم، هيا اهتف باسم الله المقدس، فإن إكثارك من دعائه يبسط خاطرك، ويهدأ قلبك، ويرتاح به ضميرك، لأن في دعائه وذكره وحسن الظن به معاني التوكل عليه، فهو قريب مجيب سوف يجد الآمن والسرور.

إنَّ الإنسان لا يأتيه الفَرَجُ، ولا تُدركُه النجاةُ، إلا بعد إخفاقِ أملِهِ في كلِّ ما كان يتوجَّه نحوه بأملِه ورغبتِه، وعند انغلاقِ مطالبِهِ، وعَجْزِ حيلتِه، وتناهي ضَرِّهِ ومحنتِه، ليكون ذلك باعثاً له على صَرْفِ رجائِهِ أبداً إلى اللهِ -عزَّ وجلَّ-، وزاجراً له على تجاوز حُسْنِ ظنِّه به.

ما هو ظنُك بربِك أيها الفقيرُ؟ وأنت تقرأُ قولَه تعالى: (وَمَا مِن دَابَّةٍ فِي الأَرْضِ إِلاَّ عَلَى اللّهِ رِزْقُهَا وَيَعْلَمُ مُسْتَقَرَّهَا وَمُسْتَوْدَعَهَا كُلٌّ فِي كِتَابٍ مُّبِينٍ)؟

ما هو ظنُك باللهِ يا من يبحثُ عن وظيفةٍ؟ واللهُ -تعالى- يقولُ: (وَفِي السَّمَاء رِزْقُكُمْ وَمَا تُوعَدُونَ).

ما هو ظنُك بربِك أيها المريضُ، ويامن أصابته الهمومُ والغمومُ؟، وأنت تتلو قولَه تعالى: (أَمَّن يُجِيبُ الْمُضْطَرَّ إِذَا دَعَاهُ وَيَكْشِفُ السُّوءَ وَيَجْعَلُكُمْ خُلَفَاء الْأَرْضِ أَإِلَهٌ مَّعَ اللَّهِ قَلِيلًا مَّا تَذَكَّرُونَ).

تفويضُ الأمرِ إلى اللهِ، والتوكلُ عليهِ، والثقة بوعدِهِ، والرضا بصنيعهِ، وحُسنُ الظنِّ بهِ، وانتظارُ الفرجِ منهُ ؛ من أعظمِ ثمراتِ الإيمانِ

13

﴿ إِنَّ ٱللَّهَ يَغۡفِرُ ٱلذُّنُوبَ جَمِيعًاۚ ﴾

قُلْ يَا عِبَادِيَ الَّذِينَ أَسْرَفُوا عَلَى أَنفُسِهِمْ لَا تَقْنَطُوا مِن رَّحْمَةِ اللَّهِ، فَالرَّحِيمُ خَاطِبُ أَصْحَابِ الذُّنُوبِ بِ"يَا عِبَادِي"، وَنَهَاهُمْ عَنِ الْيَأْسِ مِنَ الْمَغْفِرَةِ، فَالرَّحِيمُ يَغْفِرُ لِمَن تَابَ، إِنَّهُ هُوَ الْغَفُورُ الرَّحِيمُ.

وَفِي الحَدِيثِ: "إِنَّ اللَّهَ يَبْسُطُ يَدَهُ بِاللَّيْلِ لِيَتُوبَ مُسِيءُ النَّهَارِ وَيَبْسُطُ يَدَهُ بِالنَّهَارِ لِيَتُوبَ مُسِيءُ اللَّيْلِ".

فَإِذَا كَثُرَتْ ذُنُوبُكَ لَا تَيأَسَ أَبَدًا.

وَحَتَّى إِنْ عَجَزْتَ عَنْ فِعْلِ طَاعَةٍ مَعْيَنَةٍ لَا يَعْنِي أَن تَتْرُكَ كُلَّ الطَّاعَاتِ.

فَإِذَا انقطَعَ حَبْلٌ مِنْ حبال صَلَتِكَ بِاللَّهِ فَتَمَسَّكْ بِغَيْرِهِ حَتَّى يُصْلِحَ حَالَكَ وَتَسْتَقِيمَ أَمُورُكَ.

رَأَيُ النَّاس لِصا يُصَلِّي، تَعَجَّبُوا وَقَالُوا لِلصِّ: "وَتُصَلِّي؟" فَقَالَ: "اتْرُكْ بَيْنِي وَبَيْنَهُ بَابًا عَسَى أَنْ أَدْخُلَ عَلَيْهِ مِنْهُ يَوْمًا".

اتْرُكْ بَابَ الصَّلَاةِ فَلَا تُغْلِقْهُ أَبَدًا مُهْمَا حَصَلَ حَتَّى وَإِنْ أَذْنَبْتَ.

يا حسرةَ مَن غلبه شيطانه فخرج من هذه الدنيا متدثِّرًا بذنوبه، ملتحفًا بآثامه، معرضًا عن بابٍ عظيم مفتوح أمامه للتوبة والمغفرة، كمال رحمته سبحانه اقتضَت كمالَ عفوه ومغفرته، فإن صَفحه عمَّ الذنوبَ جميعًا، فأكثِر من الدعاء: (اللّهم اغفِر لي ذنبي كلَّه، دِقَّه وجِلَّه).

❋❋❋

في الحديثِ الصحيحِ: ((والذي نفسي بيدهِ، لو لمْ تذنبُوا لذهبَ اللهُ بكمْ ولجاءَ بقومٍ آخرين يذنبون، فيستغفرون الله، فيغفرُ لهم)).

14
لحظة اليأس هي لحظة الفرج

﴿ حَتَّىٰ إِذَا اسْتَيْأَسَ الرُّسُلُ وَظَنُّوا أَنَّهُمْ قَدْ كُذِبُوا جَاءَهُمْ نَصْرُنَا ﴾.

كَم مِن مُحْنَةٍ فِي طَيِّهَا مَنْحَة!! مِنْ حَظٍّ جَلِيلٍ، أَوْ نَصْرٍ مُرْتَقَبٍ، أَوْ ثَوَابٍ، أَوْ تَطْهِيرِ ذَنْبٍ، فَعَلَّامَ الْيَأْسُ؟؟

الشَّدَائِدُ لَا تَدُومُ وَإِنْ طَالَت، فَإِنَّ يَأْسَ النَّاسِ مِنْ كُلِّ الْأَسْبَابِ الظَّاهِرَةِ الَّتِي يَتَعَلَّقُونَ بِهَا جَاءَ النَّصْرُ مِنَ اللَّهِ وَحْدَهُ. فَرَجُ اللَّهِ لَنْ يَأْتِي مِنْ آفَاقِ الرَّخَاءِ، بَلْ سَيَبْزَغُ نُورُهُ مِنْ ظُلُمَاتِ الْبَلَاءِ. فَاللَّهُ -جَلَّ وَعَلا- لَمْ يَنْصُرْ أَنْبِيَاءَهُ إِلَّا بَعْدَ مُعَانَاةٍ شَدِيدَةٍ.

وَلَكَ فِي الرَّسُولِ r قُدْوَةٌ وَقَدْ وُضِعَ السَّلَى عَلَى رَأْسِهِ، وَأُدْمِيَتْ قَدَمَاهُ وَشُجَّتْ وَجْهُهُ، وَحُوصِرَ فِي الشِّعَابِ حَتَّى أَكَلَ وَرَقَ الشَّجَرِ، وَطُرِدَ مِنْ مَكَّةَ، وَكُسِرَتْ ثَنِيَّتُهُ، وَرُمِيَ عِرْضُ زَوْجَتِهِ الشَّرِيفَةُ، وَقُتِلَ سَبْعُونَ مِنْ أَصْحَابِهِ، وَفَقَدَ ابْنَهُ، وَأَكْثَرَ بَنَاتِهِ فِي حَيَاتِهِ، وَرُبِطَ الْحَجَرُ عَلَى بَطْنِهِ مِنَ الْجُوعِ، وَاتُّهِمَ بِأَنَّهُ شَاعِرٌ سَاحِرٌ كَاهِنٌ مَجْنُونٌ كَاذِبٌ، صَانَهُ اللَّهُ مِنْ ذَلِكَ، وَهَذَا بَلَاءٌ لَابُدَّ مِنْهُ وَتَمْحِيصٌ لَا أَعْظَمَ مِنْهُ.

عسى فرج يكون عسى، فلا تجزع إذا حملت هماً يقطع النفس، نعلل أنفسنا بعسى، فأقرب ما يكون المرء من فرج إذا يأس، إذا ضاق الأمر اتسع، وإذا اشتد الحبل انقطع، وإذا اشتد الظلام بدا الفجر وسطع، سنة ماضية، وحكمة قاضية، فلتكن نفسك راضية، بعد الظمأ ماء وظل، وبعد القحط غيث وطل، يا من بكى من ألمه، ومرضه وكدّه، يا من بالغت الشدائد في رده وصده، عسى الله أن يأتي بالفتح، أو أمر من عنده، دع المقادير تجري في أعنتها ولا تبيتن إلا خالي البالي

ما بين غمضة عين وانتباهتها يغيّر الله من حال إلى حالي.

> كلما اشتد الكرب وزاد الضيق وكثر الهم وغلب الاستيآس جاء اليقين والفرج من الله

15
تفاءل واترك التشاؤم

﴿ فَأَمَّا الَّذِينَ آمَنُوا فَزَادَتْهُمْ إِيمَانًا وَهُمْ يَسْتَبْشِرُونَ ﴾
﴿ وَأَمَّا الَّذِينَ فِي قُلُوبِهِم مَّرَضٌ فَزَادَتْهُمْ رِجْسًا إِلَىٰ رِجْسِهِمْ ﴾.

كثير من الأخيار تفاءلوا بالأمر الشاق العسير ورأوا في ذلك الخير الكثير.

وعسى أن تكرهوا شيئاً وهو خيرٌ لكم.

فعاهد قلبك وإيمانك، وجدده وواظب على أفعال الخير والتفاؤل وتأكد أن الله عنده الخير الكثير.

التشاؤم هو سوء ظن بالله تعالى، وصرف شيء من حقوقه لغيره، وتعلُّق القلوب بمخلوق لا ينفع ولا يضر.

وأما التفاؤل فهو حسن ظن بالله تعالى، لا يرد عن الحوائج، ولا يحمل على المضي فيها، وحُسن الظن بالله مطلوبٌ، وسوء الظن ممنوع، وحسن الظن من خصال الإيمان والمؤمنين، وسوء الظن من خصال النفاق والمنافقين.

إن الإسلام يحث على النظر إلى الحياة بتفاؤل وإيمان وثقة بأن الله سيهدي الأمور نحو الخير، حتى في وجه التحديات والمحن.

إنَّ أعلى درجات التفاؤل هو التفاؤل في أوقات الأزمات، ولحظات الانكسارات، وساعات الشدائد، فتَتَوَقَّع الخيرَ وأنت لا ترى إلاَّ الشر، والسعادةَ وأنت لا ترى إلاَّ الحُزن، وتَتَوقَّع الشفاءَ عند المرض، والنجاحَ عند الفشل، والنصرَ عند الهزيمة، وتتوقَّع تفريجَ الكروب ودَفْعَ المصائب عند وقوعها، فالتفاؤل في هذه المواقف يُولِّد مشاعر الرضا والثقة والأمل.

> أتريدُ السعادة حقاً؟! لا تبحثُ عنها بعيداً، إنها فيك ؛ في تفكيرِك المبدعِ، في خيالك الجميلِ، في إرادتِك المتفائلةِ، في قلبك المشرقِ بالخيرِ.

16

﴿خُذِ الْعَفْوَ وَأْمُرْ بِالْعُرْفِ وَأَعْرِضْ عَنِ الْجَاهِلِينَ﴾

الكبار هم الذين يمتلكون الصفح والمسامحة، والتسامح، والتواضع، والعطف.

درّب نفسك في بداية الطريق على الإحسان والجميل، فإنه من التكاليف التي يسهل التحكم فيها وتعتاد النهوض بها، والكبير من الصفات.

اجعل من العفو صفة فيك، وتشبه بالنبي -صلى الله عليه وسلم-: "وَلْيَعْفُوا وَلْيَصْفَحُوا أَلَا تُحِبُّونَ أَن يَغْفِرَ اللَّهُ لَكُمْ".

إنَّ العفو عن الآخرين ليس بالأمرِ الهيِّن؛ إذ له في النّفسِ ثِقَلٌ لا يتِمّ التغلُّب عليه إلاّ بمصارعةِ حبِّ الانتصار والانتقامِ للنفس، ولا يكون ذلك إلا للأقوياءِ الذين أيدهمُ الله تعالى ﴿ بِرُوحٍ مِنهُ ﴾، ومِن هنا يأتي التميُّز، وهذا هو الشَّديد الممدوحُ، في قولِ النبيِّ -صلى الله عليه وسلم-: "ليسَ الشَّدِيدُ بالصُّرَعَةِ، إنَّما الشَّدِيدُ الذي يَمْلِكُ نَفْسَهُ عِنْدَ الغَضَبِ".

قال الشافعي -رحمه الله تعالى-:

لما عفوتُ ولم أحقِدْ على أحدٍ أرحتُ نفسي مِن همِّ العداواتِ

أهل العفو هم الأقرب لتحقيق تقوى الله -جل وعلا-؛ قال الله تعالى: ﴿وَأَنْ تَعْفُوا أَقْرَبُ لِلتَّقْوَى﴾. قال ابن عباس: أقربهما للتقوى الذي يعفو، العفو والصفح باب عظيم من أبواب الإحسان؛ قال الله تعالى: ﴿فَاعْفُ عَنْهُمْ وَاصْفَحْ إِنَّ اللَّهَ يُحِبُّ الْمُحْسِنِينَ﴾ المائدة: 13.

النبيَّ ﷺ قال: "ما نقَصَت صدقةٌ من مالٍ، وما زاد الله عبدًا بعفوٍ إلاَّ عِزًّا، وما تواضَعَ أحدٌ للهِ إلا رفعَه" رواه مسلم.

> حتى تجد السرور والأمن، اعف عمن ظلمك، وصل من قطعك، وأعط من حرمك، واحلم عمن أساء إليك

17
﴿يُدَبِّرُ الْأَمْرَ مِنَ السَّمَاءِ إِلَى الْأَرْضِ﴾

وبينما أنت في خوفك، هناك من يدبر أمرك.

وبينما أنت في عجزك، هناك من يدبر أمرك.

وبينما أنت في ضعفك، هناك من يدبر أمرك.

وهو أعلم بك منك، وأرحم بك منك.

فكيف بعد ذلك يقلق أهل الإيمان؟!

قال ابن عباس -رضي الله عنهما- بين قول فرعون "مَا عَلِمْتُ لَكُم مِّنْ إِلَٰهٍ غَيْرِي" وقوله "فَ أَنَا رَبُّكُمُ الْأَعْلَىٰ"، ارتبطت سنوات في تدبير السماء خلال هذه الفترة. وُلِدَ موسى -عليه السلام- وتربى في قصر فرعون، ثم خرج إلى مدين ومكث فيها عشر سنوات يرعى الغنم، ثم عاد ودخل على فرعون ودعاه لطاعة الله بقول لطيف.

يُقال: إنَّ مَن احتمل المحنة، ورضي بتدبير الله تعالى في النكبة، وصبر على الشدة، كشف له عن منفعتها، حتى يرى فضل الله عليه وتدبيره له.

ليس شيء من الخلق متروكًا سدى، ولا مخلوقًا عبثًا، بل يُدبَّر بأمر الله تعالى إلى أجل مرسوم يرتفع إليه حين يشاء.

فيا أيُّها المريضُ الذي يُصارعُ الأسقامَ، ويُكابدُ الليلَ بينَ الأوجاعِ والآلامِ: لكَ ربٌّ رحيمٌ يُدبِّرُ الأمرَ في كلِّ الأوقاتِ، فارفعْ يديكَ مُضطراً صَادقاً إلى السَّماواتِ، وقُلْ بقلبٍ حَاضرٍ: اللَّهمَّ ربَّ النَّاسِ أذهبَ البأسَ والأوصابَ، فلعلَّ أن يُقالَ لك: (ارْكُضْ بِرِجْلِكَ هَذَا مُغْتَسَلٌ بَارِدٌ وَشَرَابٌ)

> إذا ظننت أن هناك مشاكل ليس لها حل
> ارفع يدك إلي مدبر هذا الكون الذي يقول
> للشيء كن فيكون

18

﴿يَا أَيُّهَا الَّذِينَ آمَنُوا لَا يَسْخَرْ قَوْمٌ مِّن قَوْمٍ﴾

في الآية نداء للمؤمنين بالامتناع والحذر من السخرية من بعضهم، فهذا التصرف ينمي العداوات وقد يكون من سخر منه هو أفضل منك عند الله. المؤمن يحافظ على مشاعر إخوانه ويحرص على دوام مودتهم.

جاء إلى النبي -صلى الله عليه وسلم- أناس من اليهود فقالوا: "السام عليك يا أبا القاسم"، فقال وعليكم، فقالت عائشة: السام عليكم ولعنكم الله وغضب عليكم، فقال رسول الله - صلى الله عليه وسلم -: "مهلا يا عائشة! عليك بالرفق وإياك والعنف أو الفحش"، قالت: أولم تسمع ما قالوا؟ قال: "أولم تسمعي ما قلت رددت عليهم؟ فيستجاب لي فيهم ولا يستجاب لهم في".

الإسلام يدعو إلى العدل وعدم التجاوز المدمر، ولا يحمل المرء على السخرية إلا نقص الإيمان وقلة الأخلاق الفاضلة. المؤمنون كالجسد الواحد يشد بعضهم بعضاً، والمسلم من سلم المسلمون من لسانه ويده.

وإذا فشت السخرية في الناس تنابزوا بالألقاب، وعيَّر بعضهم بعضا، فتنافرت قلوبهم، وانحلت روابطهم، فتعادوا وتهاجروا، وتدابروا وتباغضوا، ولم يكونوا عباد الله إخوانا؛ ولذا نهاهم الله تعالى عن التنابز بالألقاب، والتنادي بالعيوب والمعاير(وَلا تَنَابَزُوا بِالأَلْقَابِ)

السخرية والتنمر خُلق ذميم من أخلاق الكفار لا يليق بالمسلم أن يتخلق بهذه الأخلاق أبدا.

والنبي -صلى الله عليه وسلم- يقول: "المسلم أخو المسلم لا يظلمه ولا يخذله ولا يحقره التقوى ها هنا ويشير إلى صدره ثلاث مرات بحسب امرئ من الشر أن يحقر أخاه المسلم"

> رفقاً بالقواريرِ، ولطفاً بالقلوبِ، ورحمةً بالناسِ، ورويداً بالمشاعرِ، وإحساناً للغيرِ، وتفضلاً على العالمِ أيها الناسُ

19
لا تتسرع في نقل الأخبار، بل تثبت من صحتها

﴿ يَا أَيُّهَا الَّذِينَ آمَنُوا إِن جَاءَكُمْ فَاسِقٌ بِنَبَإٍ فَتَبَيَّنُوا أَن تُصِيبُوا قَوْمًا بِجَهَالَةٍ ﴾

لا تتسرع في نقل الأخبار، بل تثبت من صحتها. نحن في هذا العصر أحوج إلى التثبت من الأخبار وسماعها لكثرة الكذب وظهور الفجور في الخصومة وكثرة الاختلاف وشدة مكر الأعداء.

وإذا تحتم عليك أن تتكلم عن سواك فتكلم فقط بما رأت عيناك أو سمعت أذناك ولا تتحدث بشيء إلا إذا كنت واثقاً منه ولا تكن متردداً.

ولا تخض في أمر إلا ومعك فيه بينة ودليل، فإن لم يكن فاسكت، فإن في الصمت حينئذ نجاة، وإن كلامك حينئذ شائعة من الشائعات.

فلا تراقب الناس، ولا تحكم عليهم، أو تنتقدهم، بل كن واعياً في حياتك كثيراً. ليكن همك كيف تستفيد وتفيد، واشغل نفسك بإصلاح عيوبك عن رصد عيوب الناس ونشرها.

❋ ❋ ❋

> تغافل عن الزلات والشائعات وتتبع السقطات وأخبار الناس.

20
كن قرير العين

﴿ فَكُلِي وَاشْرَبِي وَقَرِّي عَيْنًا ﴾

سبحان الله، في قمة الغم والذي يكتسح جوانب مريم -عليها السلام-، يأمرها الله أن تكون قريرة العين. عند أي مشكلة أو هم أو غم، الجأ إلى ربك مباشرة وتوكل عليه، وفوض أمرك إليه، لأنه يدبر الأمر، وسيختار لك الأجمل والأفضل، فلا ترهق نفسك بالتفكير.

عند أي أزمة تمر بك وتعصف بقلبك، اهدأ، فالحياة لا تتوقف، واللطيف يدبر الأمر بيده، وهو على كل شيء قدير.

من المهم أيضًا أن تتذكر أن الحياة جميلة ومليئة بالأشياء الرائعة. حتى في أحلك الأوقات، هناك دائمًا شيء لتكن ممتنًا له. ركز على الأشياء الإيجابية في حياتك، وسوف تساعدك على تخطي الأوقات الصعبة.

أخيرًا، تذكر أن اللطيف يدبر الأمر بيده. وهو على كل شيء قدير. ثق أن الله سيقودك من خلال هذه الأزمة ويجعلها تعمل من أجلك.

✻ ✻ ✻

> تفاءل ولا تقنط ولا تيأس
> أحسن الظن بربك وانتظر منه كل خير وجميل

21
فاستقم كما أمرت

الله هو الذي خلقك ورزقك ويرعاك ويسترك ويحوطك ويدبر أمرك، فاستقم لأمره كما أمرك، ولا تتبع رغباتك وتترك أمره. كم من مرة تقدم هواك على أمره، ومحبتك على محبته!! الله هو الأحق أن تخشاه، فلا تتنازل عن دينك ولا عن أخلاقك بسبب كثرة المخالفين والمعاصي.

استقم كما أمرت لا كما فعله الأكثرون، واستقم كما أمرت لا كما ترغب. كان رسول الله -صلى الله عليه وسلم- واقفاً عند حدود الله، وكان لا يغضب إلا إذا انتهكت حرمات الله.

كان رسول الله -صلى الله عليه وسلم- واقفاً عند حدود الله:"
"واقفا عند حدود الله": تمسكه الشديد بحدود الله، وعدم تجاوزها مهما كانت الظروف.

"وكان لا يغضب إلا إذا انتهكت حرمات الله:"
"لا يغضب إلا إذا انتهكت حرمات الله": غضبه كان نابعًا من حرصه على حماية حرمات الله، ورفضه للمظالم.

فالمسلم الحقيقي هو من يلتزم بالحق ويستقيم على طريق الله، مهما كانت التحديات، اقتداءً برسول الله -صلى الله عليه وسلم-.

❈ ❈ ❈

> لن تستقيم إلا بمعونة الحكيم
> فاسأله المعونة، واجتهد، وحاول، ولا
> تيأس أبدا

22
﴿فَلَا يَحْزُنكَ قَوْلُهُمْ﴾

سيقولون فيك ما ليس فيك فلا تحزن

الوقحون السخفاء سبوا الخالق -جل في علاه- وقالوا عن النبي -صلي الله عليه وسلم- ساحر وكذاب ومجنون واتهموا مريم البتول بالزنا واتهموا يوسف -عليه السلام- بالسرقة

فليكن لك أسوة في من سبقوك وهم خير منك

لن تسلم من ألسن الناس مهما بلغت من صلاح

إن الجالس على الأرض لا يسقط، والناس لا يرفسون كلبا ميتا لكنهم يغضبون عليك لأنك فقتهم صلاحًا وأدبًا وعلما

فاثبت وكن كالصخرة القوية تنكسر عليها حبات البرد

تثبت وجودها وقدرتها على البقاء

إنك لن تستطيع أن تغلق أفواههم، لكن تستطيع أن تدفن نقدهم بتجاهلهم وإهمالك لهم (قل موتوا بغيظكم)

❋❋❋

> لا تهتزَّ من النقدِ، واثبتْ، واعلمْ أنَّ النقد يساوي قيمَتَكَ.

23
﴿فَإِنَّ مَعَ الْعُسْرِ يُسْرًا﴾

ابحث دومًا عن المِنَح المَخفيَّة في تلافيف المِحَن، واستخلص من العقَبات العسيرة دروسًا في التفاؤل والأمَل، فما كان عُسرٌ إلا صاحبَه يُسر.

مَن وَثِقَ بوعد ربِّه كان شجاعًا مقدامًا، لا يتهيَّب الصِّعابَ ولا يخشى الشدائد، فما أصاب امرأً همٌّ ولا غمٌّ إلا أعقبَه فرَجٌ مضاعف.

إذا اشتدّ الحبل انقطع، يأتي الفجر بعد الظلام الدامس. الأيام دول ودوام الحال من المحال. فإن الشدائد مهما تعاظمت لا تدوم أبداً. فإن كنت اليوم تعاني من شدة، فإن غداً سوف تنهل من ينابيع السعادة. أشد لحظات السعادة هي أقرب لحظة لبزوغ فجر الأمل. لا تضيق ذرعاً، فمن المحال دوام الحال. وأفضل العبادة انتظار الفرج، ولعل الله يحدث بعد ذلك أمراً، فإن مع العسر يسراً، مع الفقر غنى، وبعد المرض عافية، بعد الحزن سرور، وبعد الضيق سعة، وبعد الحبس انطلاق، وبعد الجوع شبع.

الحمد لله الذي وعدنا باليسر وجعله مقرونا بالعسر لا يأتي بعده، بل معه، فلا تعلم مع أي باب يدخل اليسر الذي يُبهج قلبك، ويقرّ عينك، أحسِن الظن به، وسلّم أمرك للرحيم القادر، ونم آمنًا مُطمئناً.

❋❋❋

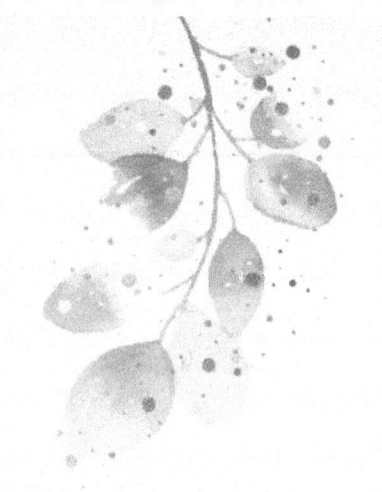

نهايةُ كلِّ ليلٍ غاسِق فجرٌ صادِقٌ.

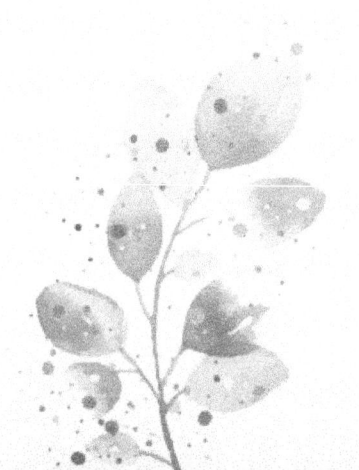

24

﴿إِن يَعْلَمِ اللَّهُ فِي قُلُوبِكُمْ خَيْرًا يُؤْتِكُمْ خَيْرًا﴾

علي قدر صلاح النيات تأتي العطيات

قد يعجز المرء عن عمل الخير الذي يصبو إليه لمرضه، وقد يحال بينه وبين ما يريد لقلة ذات يده وضعف حيلته، لكن العليم الخبير المطلع على خبايا النفوس وخفايا الصدور يرفع أصحاب النيات الصادقة إلى ما تمنوه تبعاً لطيب مقاصدهم وإن ضعفت وسائلهم، فيلحق الفقير منهم وإن لم يكن لديه مال يتصدق به الغني الباذل، ويدرك المعذور القاعد منزلة المجاهد وإن لم يلحق في الواقع به، وعلى قدر النيات تكون العطيات، ومن نظف قلبه وحرص على سلامة صدره، وصفى نيته وأصلح قصده فتحت له أبواب التيسير، ولا والله لا يغلق بابٌ على العبد فيصدق في نيته ويحسن الظن بربه إلا فتح الله له أبوابًا أوسع وأرحب.

أصلح نيتك دائما في كل أمورك مع الناس، تمني الخير للناس، ولا تحقد، ولا تحسد تجد السرور والسعادة

مع الله، أصلح نيتك فكل عمل تعمله انو به وجه الله تؤجر عليه

نظف قلبك من الحسد والحقد والغيرة والشر

قد تعجز عن الصدقة، وقد تعجز عن الجهاد في سبيل الله، وقد تعجز عن أمور كثيرة من الخير لكن قد تنال منزلة من فعل هذه الأشياء بالنية الصادقة

نظف قلبك واحرص على سلامته، وأخلص نيته، وأصلح قصده ستجد أبواب السعادة تفتح أمامك

القلب هو محلُّ نظر الربِّ تبارك وتعالى، فاحرِص على ألا يَرى فيه إلا خيرًا.

> انو الخير فإنك لا تزال بخير مانويت الخير

25

﴿وَلَا تَمُدَّنَّ عَيْنَيْكَ إِلَىٰ مَا مَتَّعْنَا بِهِ أَزْوَاجًا مِّنْهُمْ﴾

ارض بما قسم الله لك تكن أغنى الناس، اشكر الله علي النعم الكثيرة التي غيرك محروم منها، ارض بصورتك التي ركبك الله فيها، ارض بوضعك الأسري وصورتك ودخلك

لا تستسلم لنزاعات مرضك وطمعك حتى لا يمرض قلبك وتصاب بالحقد والحسد على المسلمين. تعلم القناعة والرضا بما وهب الله لك مما لا تستطيع تغييره حتى تعيش سعيدا راضيا من الله

عطاء بن رباح مولي أسود كان عالم الدنيا

الأحنف بن قيس نحيف الجسم أحدب الظهر كان حليم العرب قاطبة

بل الأنبياء الكرام سلام الله وصلاته عليهم كل منهم رعي الغنم، كان داوود حدادا، وزكريا نجارًا، وإدريس خياطا، وهم صفوة البشر

قيمتك هي مواهبك وعملك الصالح ونفعك وخلقك

الرِّضا يخفِّف أثقالي ... ويُلقي على المآسي سُدولا

والذي أُلهم الرِّضا لا تراهُ ... أبدَ الدهر حاسداً أو عَذولا

أنا راضٍ بكل ما كتب الله ... ومُزْجٍ إليه حَمْداً جَزيلا

أنا راضٍ بكل صِنفٍ من ... الناس لئيماً ألفيتُه أو نبيلا

لستُ أخشى من اللئيم أذاه ... لا، ولن أسألَ النبيلَ فتيلا

فالقناعة تُغنيك عن غيرها، وتجعلك تشعر بالامتنان لنعم الله الكثيرة، وتُساعدك على تقبّل نفسك وظروفك بعيوبها ومميزاتها.

> فلا تأس على ما فات من جمال أو مال أو عيال وارض بقسمة الله
> نَحْنُ قَسَمْنَا بَيْنَهُمْ مَعِيشَتَهُمْ فِي الْحَيَاةِ الدُّنْيَا

26
﴿وَلْيَعْفُوا وَلْيَصْفَحُوا أَلَا تُحِبُّونَ أَنْ يَغْفِرَ اللَّهُ لَكُمْ﴾

مهما كان العفو والصفح صعبا على النفس المكلومة فتخلق به؛ فإنه خلق عظيم، وثوابه كبير. فإذا أردت عفو الله فاعف عن عباده. فخلق الرحمة والتسامح سوف يساعدك في تحقيق السلام الداخلي والتخلص من المشاعر السلبية. فسامح واصفح وانشر أخلاق الرحمة والتسامح في محيطك فستجد الراحة والسعادة. فهذا الخلق العظيم أجره عظيم، وهو من أخلاق النبي -صلى الله عليه وسلم-. "والكاظمين الغيظ والعافين عن الناس والله يحب المحسنين." ألا تحبون أن يغفر الله لكم؟!! ألا تتمنون أن يرحمكم الله؟!! بل أعظم من هذه الأمنيات التي ذكرناها من المغفرة والرحمة؛ ألا ترجون من الله أجراً لا يعلم فضل هذا الأجر إلا الله وحده؟!! إنه العفو والصفح أيها الفضلاء. يقول الله سبحانه وتعالى: "وإن تعفوا وتصفحوا وتغفروا فإن الله غفور رحيم." ومقام العفو والصفح في رؤية كثير من الناس ذل ومهانة؛ فتقول له نفسه الأمارة بالسوء: كيف تعفو وكيف تصفح وقد فعل بك ما فعل وأساء إليك، بكيت وندمت، أين العز؟!! أين القوة؟!! أين الشهامة؟!! فتحدثه نفسه أن العزة في الانتقام. ولا والله العز إنما هو في العفو والصفح لا كما يظنه كثير من الناس، وفي هذا جاء الحديث في صحيح مسلم عن أبي هريرة -رضي الله عنه- أن النبي -صلى الله عليه وسلم- قال: "وما زاد الله عبداً بعفوٍ إلا عزاً" أي أن العفو لا يزيد صاحبه إلا عزاً ورفعةً وسموَّ قدرٍ في الدنيا والآخرة.

❋ ❋ ❋

> اعف عمن ظلمك، وصل من قطعك، واعط من حرمك، واحلم عمن أساء إليك تجد السرور والأمن

27

الله الكافي

﴿فَسَيَكْفِيكَهُمُ اللَّهُ وَهُوَ السَّمِيعُ الْعَلِيمُ﴾

فيرد كيدهم، ويبطل مكرهم، ويمحق قوتهم، ويذهب بأسهم، ويشتت شملهم

الكافي يكفيك

كم مرة أحاطك بعنايته!!

كم مرة كفاك الهموم والغموم!!

فلتعلم أن الكافي سيكفيك، فهو الرازق وهو المدبر

فكل المخاوف تتبدد وكل الآمال تتجدد

يكفيك الله كُلَّ ما أهمَّك إذا أيقنتَ أنَّ الله (يعلمُ) حالك (ويسمعُ) دُعاءك ؛ (فسيكفيكهمُ الله وهو السميع العليم) ؛ ومَنْ سالت دموعه على خدَّيْه مِنْ حَرٍّ ما يجدُ وهو يُناجي الله ويشكو إليه فلن يرُدَّه خائباً..

فالله كاف عباده بكل ما يحتاجون، ويضطرون إليه، ويكفي عباده المؤمنين كفاية خاصة حينما يتوكلون عليه، ويستمدون حوائجهم منه، فلا منجى ولا ملجأ منه إلا إليه، فهو الإله الواحد الذي لا شريك له ولا ندّ، فالكفايات كلها واقعة به وحده، فلا ينبغي أن تكون العبادة إلا له، ولا الرغبة إلا إليه، ولا الرجاء إلا منه، فالله كفى عباده الرزق، والمعاش والنصر والعزة.

❊ ❊ ❊

> الله هو الكافي والحافظ لنا من كل ما يحيط بنا من أضرار، فهو العليم بحالنا، السميع لدعائنا..

28

تعزَ بمن سبقوك

﴿ أَمْ حَسِبْتُمْ أَن تَدْخُلُوا الْجَنَّةَ وَلَمَّا يَأْتِكُم مَّثَلُ الَّذِينَ خَلَوْا مِن قَبْلِكُم مَّسَّتْهُمُ الْبَأْسَاءُ وَالضَّرَّاءُ وَزُلْزِلُوا ﴾

انظر حولك فهل تري إلا مبتلى؟

فهل تشاهد إلا منكوبا؟

في كل دار ابتلاء، وعلى كل خد دمع

كم من مصائب!! وكم من الأحزان!!

فلست وحدك المصاب

بل قد يكون مصابك أنت بالنسبة لغيرك قليلا

كم مرة ظننت أنها القاضية، وأنها النهاية، فإذا هي العودة الجديدة، والقوة والاستمرار

كم مرة ضاقت بنا السبل وتقطعت بنا الحبال!!

وأظلمت في وجوهنا الآفاق فإذا هو الفتح والنصر

والخير والبشارة ﴿ قُلِ اللَّهُ يُنَجِّيكُم مِّنْهَا وَمِن كُلِّ كَرْبٍ ثُمَّ أَنتُمْ تُشْرِكُونَ ﴾

لكلِّ ثمينٍ ثمنٌ عظيم، وسلعةُ الله غالية، فمَن أراد الجنَّة فليبذُل لها، ومَن طلب الحسناء لا يهمه مَهرها.

قد يتأخَّر فرَج الله عن عباده المؤمنين حتى تنقطعَ عنهم الأسباب، وتنغلقَ في وجوههم كلُّ الأبواب، ليمتحنَ قلوبهم للتقوى، فتَخلُصَ سرائرُهم من الركون لشيءٍ من الخلق، وتتعلَّقَ ضمائرُهم بربِّ الخلق وحدَه.

> من علم أن الله غالب علي أمره فكيف يخاف أمر عبده؟؟

30
﴿يَحْسَبُونَ كُلَّ صَيْحَةٍ عَلَيْهِمْ ۚ﴾

يموتون قبل الموت وينتظرون كل مصيبة

ويتوقعون كل كارثة ويخافون من كل صوت وخيال وحركة

لانت قلوبهم لأن قلوبهم هواء ونفوسهم ممزقة

من الناس من يذبح نفسه كل يوم بسكين الأوهام فتراه حزينًا لأنه يتوقع المصائب، وينتظر السوء؛ سيسلم للشائعات حتى تكاد أن تنهار حياته

عش حياتك يوما بيوم ولا تحمل هم الكرة الأرضية فوق رأسك

أحسن الظن بالله، واعلم أن الله أرحم بنا من أمهاتنا، وأنها لمن يطيع عباده

انس إخفاقات الأمس واحتمالات نجاح الغد. ركز فقط على القيام بكل ما تستطيع القيام به اليوم لتجعل غدك كما تتمنى أن يكون.

✼ ✼ ✼

> لا تحمل الكرة الأرضية على رأسك واعلم
> أن الناس لا يهمهم أمرنا
> إن زكاما يصيب أحدهم ينسيهم موتي
> وموتك

31

لا تقابل الإساءة بالإحسان

من مكارم الأخلاق التي أمر الله بها رسوله -صلي الله عليه وسلم-
أنه إذا أساء إليك أعداؤك بالقول والعمل فلا تقابلهم بالإساءة
مع أنه يجوز مقابلة المسئ بمثل إساءته، ولكن ادفع إساءتهم إليك بالإحسان منك، إليهم ذلك فضل منك على المسئ

مقابلة الإساءة بالإحسان، سماحة لا يعرفها إلا من عرف ثواب الحسنة، وأدرك فضلها وأن لها تأثيراً عميقا في نفس الخصم

ولمقابلة السيئة بالحسنة منزلة سامية لا يرتقي إليها إلا من امتلك زمام نفسه، وهذبها، وألزمها بالتحلي بالأخلاق الفاضلة؛ ولأن النفوس جبلت على محبة الانتصار والانتقام؛ كان ثواب من خالف هواه وأطاع مولاه.

وصح عن رسول الله -صلى الله عليه وسلم- أنه قال: "ثلاث من كن فيه حاسبه الله حساباً يسيراً وأدخله الجنة برحمته، قال أحد الصحابة: وما هي يا رسول الله بأبي أنت وأمي؟؟، قال: تعطي من حرمك، وتصل من قطعك، وتعفو عمن ظلمك، فإذا فعلت ذلك يدخلك الله الجنة.

(وَلَمَنْ صَبَرَ وَغَفَرَ إِنَّ ذَلِكَ لَمِنْ عَزْمِ الْأُمُورِ)

***

> ادفع بالتي هي أحسن بترك الانتقام، ولطف الخطاب، ولين الجانب والرفق في التعامل، ونسيان الإساءة

32
الثبات والتأني في المصائب

إذا داهمتك شدة تخاف منها على كيانك كله، فما عساك تصنع؟؟ أتدع الروع ينهب فؤادك، والعواصف الجائحة ترمي بك في مكان سحيق؟! أم تقف مطمئناً، وتحاول أن تتلمس بين هذه الضوائق مأمنا يهديك إليه الفكر الصائب؟

إذا ألمت بك مصيبة ففكر، وسل نفسك ما هو أسوأ ما يمكن أن يحدث لي؟ ثم جهز نفسك لقبول أسوأ الاحتمالات ثم اشرع في إنقاذ ما يمكن إنقاذه

فنحن عندما نقلق تتشتت أفكارنا، ونعجز عن حسم المشكلات واتخاذ قرار فيها، ولو أننا قسرنا أنفسنا على مواجهة أسوأ الاحتمالات، وأعددناها لتحمل أى النتائج لاستطعنا النفاذ إلى صميم الواقع، ولأحسسنا الخلاص منه)

القلق يبدد القدرة على التركيز الذهني، فنحن عندما نقلق تتشتت أفكارنا، ونعجز عن حسم المشكلات واتخاذ قرار فيها، ولو أننا هيأنا أنفسنا على مواجهة أسوأ الاحتمالات، وأعددناها لتحمل أى النتائج لاستطعنا النفاذ إلى صميم الواقع، ولأحسسنا الخلاص منه).

✳ ✳ ✳

> إذا أصابتْك مصيبةٌ فاعلمْ أنهُ قدْ يكونُ هناك أجلُّ منها، فلتهُنْ عليك مصيبتُك.

33

سعادتك في داخلك

سعادتك في داخلك، فلماذا تبحث عنها بعيدا وتسافر في طلبها؟!

سعادتك في إيمانك بالله - جل وعلا-.

سعادتك في رضاك بالله ورضاك عن الله - جل وعلا-.

سعادتك في صحبة الأخيار والتعايش مع كل حرف من حروف كتاب العزيز الغفار، وفي التلذذ بذكر الواحد القهار.

سعادتك في إدخال البسمة والفرحة على اليتيم والمسكين والمريض والمبتلى والمحزون.

سعادتك في الزهد فى الدنيا والتطلع لنعيم الجنة التي فيها ما لا عين رأت، ولا أذن سمعت، ولا خطر على قلب بشر.

إنَّ قيمتك في معانيك الجليلةِ وصفاتِك النبيلةِ.

إنَّ سعادتك في معرفتِك للأشياءِ واهتماماتِك وسموِّك.

إنَّ الفقرَ والعوز والخمول ما كان - يوماً من الأيامِ- عائقاً في طريق التَّفوُّقِ والوصولِ والاستعلاءِ. هنيئاً لمنْ عَرَفَ ثمنه فعلا بنفسِه، وهنيئاً لمنْ أسعد نفسهُ بتوجيههِ وجهادِه ونُبله، وهنيئاً لمنْ أحْسنَ مرَّتيْن، وسعد في الحياتينِ، وأفلح في الكرتيْنِ، الدُّنيا والآخرةِ.

***

> أخلصْ توحيدك لربك لينشرحَ صدرُك، فبقدرِ صفاءِ توحيدِك ونقاءِ إخلاصِك تكونُ سعادتُك.

34
إشارات على الطريق

- ☜ عبر عن مكنون صدرك بهدوء ووضوح. أنصت للآخرين فإن لديهم ما يقولون.
- ☜ تجنب الأشخاص العدوانيين وذوي الصوت المرتفع؛ لأنهم سيجرحون فؤادك.
- ☜ استمر على اهتمامك بمهنتك مهما كانت متواضعة.
- ☜ التزم الحذر في أمور العمل، حيث إن العالم مليء بالخداع، ولكن لا تدع هذا يعميك عما هو موجود من الخير.
- ☜ كن نفسك ولا تتقمص شخصية غيرك، فلست هو.
- ☜ خذ العبرة من السنوات الماضية.
- ☜ قو من روحك حتى يحميك ثباتك فى ظل الظروف السيئة المفاجئة.
- ☜ لا تضايق نفسك بالتخيلات، فالعديد من المخاوف منشؤها الإرهاق والوحدة.
- ☜ تمسك بالحلم وأنت فى خضم الضوضاء والعجلة.
- ☜ تمسك بالأمل في خضم المصائب والمعاناة.. تمسك بالبسمة وبخاصة في أوقات الشدائد..
- ☜ تذكر قدر الأمان الذي يكمن في التزام الصمت.
- ☜ حاول جيدا أن تحتفظ بعلاقات جيدة مع الجميع دون التنازل عن شيء من ثوابتك.
- ☜ كن لطيفا مع نفسك، واجتهد أن تحتفظ معها بعلاقة طيبة.

❋❋❋

> إن من طبيعة المؤمن الثبات والتصميم والحزم والعزم، (إِنَّمَا الْمُؤْمِنُونَ الَّذِينَ آمَنُوا بِاللَّهِ وَرَسُولِهِ ثُمَّ لَمْ يَرْتَابُوا)

35
﴿وَكُلُوا وَاشْرَبُوا وَلَا تُسْرِفُوا ۚ إِنَّهُ لَا يُحِبُّ الْمُسْرِفِينَ﴾

حافظ على النعمة، فغيرك يبحث عنها في صناديق القمامة، فلا تسرف في كمية الطعام، ولا في أكله، ولا في إعداده. فكل شيء كثرته تضر إلا ذكر الله. فاستمتع بحياتك وكل واشرب، ولكن في حدود المتاح والمباح، وإياك والإسراف، فإن شكر النعمة هو الاعتدال. وتذكر إخوانك ممن لا يملكون الطعام. وكذلك الشح والبخل حرام ("ولا يحسبن الذين يبخلون بما آتاهم الله من فضله هو خيرا لهم، بل هو شر لهم"). فالتوسط والاعتدال وحسن التدبير هو المطلوب. المبالغة والإسراف في كل نعمة يزيلها، ثم يجلب على صاحبها كل شر.

وصح عن النبي -صلى الله عليه وسلم- أنه قال: ((كلوا واشربوا والبسوا وتصدَّقوا من غير مخيلة ولا سرف؛ فإن الله -جل وعلا- يحب أن يرى نعمته على عبده)).

✻ ✻ ✻

من أحْسَنَ الإنفاق، وحفِظ مالهُ إلاَّ للحاجة، واجتنب التبذير والإسراف، وَجَدَ العون من اللهِ ﴿ إِنَّ الْمُبَذِّرِينَ كَانُواْ إِخْوَانَ الشَّيَاطِينِ ﴾

36
لحظة اليأس هي لحظة الفرج

حَتَّىٰ إِذَا اسْتَيْأَسَ الرُّسُلُ وَظَنُّوا أَنَّهُمْ قَدْ كُذِبُوا جَاءَهُمْ نَصْرُنَا ۞ ، كم من محنة في طيها منحة من حظ جليل، أو نصر مرتقب، أو ثواب، أو تطهير ذنب!! فعلام اليأس؟!

الشدائد لا تدوم وإن طالت فإن يأس الناس من كل الأسباب الظاهرة التي يتعلقون بها جاء النصر من الله وحده.

فرج الله لن يأتي من آفاق الرخاء، بل سيبزغ نوره من ظلمات البلاء.

فالله -جل وعلا- لم ينصر أنبياءه إلا بعد معاناة شديدة. ولنا في رسول الله أسوة فقد أوذي في عرضه، وشج وجهه، وكسرت رباعيته، وقتل سبعون من أصحابه

تعريف الصبر: حبس النفس على ما تكره.

وهذا تفسير حسن إذا عنينا به مواجهة الشدائد المؤلمة بثبات لا يأس معه، وعقل لا يفقد توازنه واعتداله.

غير أن حبس النفس على ما تكره إذا عنينا به دوام الشعور بمرارة الواقع، وطول الإحساس بما فيه من سوء وأذى، قد ينتهي بالإنسان إلى حال منكرة من الكآبة.

وربما انهزم الصبر أمام المقارنات التي تعقدها النفس بين ما أصابها وما كانت تحب وتشتهي، كما قال الشاعر:

أقول لنفسي في الخلاء ألومها ... لك الويل ما هذا التجلد والصبر؟!

فمن يدري؟ رب ضارة نافعة، صحت الأجسام بالعلل، رب محنة في طيها منحة.

من يدري؟ ربما كانت هذه المتاعب التي تعانيها باباً إلى خير مجهول، ولئن أحسنا التصرف فيها لنحن حريون بالنفاذ منها إلى مستقبل أطيب

> كلما اشتد الكرب، وزاد الضيق، وكثر الهم، جاء النصر والفرج من الله

37

﴿فَأَمَّا الَّذِينَ آمَنُوا فَزَادَتْهُمْ إِيمَانًا وَهُمْ يَسْتَبْشِرُونَ﴾

كثير من الأخيار تفاءلوا بالأمر الشاق العسير، ورأوا في ذلك الخير الكثير
(وَعَسَى أَنْ تَكْرَهُوا شَيْئًا وَهُوَ خَيْرٌ لَكُمْ)

تعهد قلبك وإيمانك، وجدده، وواظب على أفعال الخير والتفاؤل، وتأكد أن الله عنده الخير الكثير.

اطمئن فالعواقب حسنة والنتائج مربحة والخاتمة كريمة

1 . وتأمل في قصة يوسف -عليه الصلاة والسلام- تجد أن هذه الآية منطبقة تمام الانطباق على ما جرى ليوسف وأبيه يعقوب -عليهما الصلاة والسلام-.

2. قصة إلقاء أم موسى لولدها في البحر.

فأنت إذا تأملتَ وجدتَ أنه إكراه لأم موسى من وقوع ابنها بيد آل فرعون، ومع ذلك ظهرت عواقبه الحميدة، وآثاره الطيبة في مستقبل الأيام، وصدق ربنا: {وَاللَّهُ يَعْلَمُ وَأَنْتُمْ لَا تَعْلَمُونَ}.

3 . تأمل في قصة الغلام الذي قتله الخضر بأمر الله تعالى، فإنه علل قتله بقوله: ﴿ وَأَمَّا الْغُلَامُ فَكَانَ أَبَوَاهُ مُؤْمِنَيْنِ فَخَشِينَا أَن يُرْهِقَهُمَا طُغْيَانًا وَكُفْرًا ﴾
﴿ فَأَرَدْنَا أَن يُبْدِلَهُمَا رَبُّهُمَا خَيْرًا مِّنْهُ زَكَاةً وَأَقْرَبَ رُحْمًا ﴾

توقف. أيها المؤمن ويا أيتها المؤمنة عندها قليلاً.

كم من إنسان لم يقدر الله تعالى أن يرزقه بالولد!! فضاق ذرعا بذلك، واهتم واغتم وصار ضيقا صدره، وهذه طبيعة البشر، لكن الذي لا ينبغي أن يحدث هو الحزن الدائم، والشعور بالحرمان الذي يقضي على بقية مشاريعه في الحياة

عليك أن تتوكل على الله، وتبذل ما تستطيع من الأسباب المشروعة، فإذا وقع شيءٌ على خلاف ما تحب فتذكر هذه القاعدة القرآنية العظيمة: {وَعَسَى أَنْ تَكْرَهُوا شَيْئًا وَهُوَ خَيْرٌ لَكُمْ وَعَسَى أَنْ تُحِبُّوا شَيْئًا وَهُوَ شَرٌّ لَكُمْ وَاللَّهُ يَعْلَمُ وَأَنْتُمْ لَا تَعْلَمُونَ}

❋❋❋

"الجليس الصالح المتفائل يهون عليك الصعاب، ويفتح لك باب الرجاء، والمتشائم يسود الدنيا في عينيك"

38
﴿أَلَا بِذِكْرِ اللَّهِ تَطْمَئِنُّ الْقُلُوبُ﴾

الهموم تزال، الذنوب تمحى. أذكر الله تنتظم حياتك. جاء رجل إلى النبي -صلى الله عليه وسلم- فقال له: "إن شرائع الإسلام قد كثرت علي فدلني على شيء أتمسك به"، فقال له النبي -صلى الله عليه وسلم-: "لا يزال لسانك رطبا بذكر الله".

أي قلب لا يطمئن وهو يركن إلى مولاه، ولا يزال يذكره ويأنس به وبالقرب منه؟ إذا داهمت قلبك جيوش الحيرة فادحرها بذكر الله الكثير، ترتد على أدبارها خائبة. المؤمنون الذاكرون الله في كل وقت تبقى قلوبهم على عروة الاطمئنان وآفاق الأمان، فلا تحلها المخاوف ولا تنزلها المصائب.

عليك بذكر الله في كل وقت وسترى الخير الكثير في كل شؤون حياتك. بقدر إكثارك من ذكره ينبسط خاطرك، يهدأ قلبك، تسعد نفسك، يرتاح ضميرك. فاضرع واخضع واخشع، وردد اسمه الطيب المبارك على لسانك توحيدا واستغفارا ستجد بحوله وقوته السعادة والأمن والسرور والنور.

❈ ❈ ❈

> فاذكروني أذكركم
> لو لم يكن للذكر إلا هذه الفائدة لكفي

39

لا تجعل بينك وبين ربك فجوة

وظن داود أنما فتناه، فاستغفر ربه وخر راكعا وأناب. بمجرد ظن سيدنا داوود بأن فتنة دخلت بينه وبين ربه سقط، لم تحمله قواه، لم تعد هناك قوة تحمله، وتاب إلى الله. كيف تعيش وبينك وبين ربك فجوة؟! لا يستطيع المؤمن أن يتصور أن يعيش بعيدا عن مولاه، لا يستطيع أن يتحرك في الدنيا بعيدا عن معيته. عندما تشعر بتغير وبعد بينك وبين ربك، لابد أن تتوقف. توقف، اذهب إلى المسجد، ادع، قم الليل. لابد أن يحدث تغيير في حياتك لإعادة هذه العلاقة.

الإيمان ومخافة الله والعمل الصالح من أعظم ما يضبط مسار المعاملات المالية بين الناس، فأين دعاة الفصل بين الدين والحياة من هذا؟ إنما غلا الألماس لندرته وصعوبة تحصيله، وكذلك كل قليل نفيس ثمين، والصالحون المقسطون المتقون قلة من كثر، فاستحقوا رفعة الله في الدنيا والآخرة. إقامة الصلاة ودوام الاستغفار يكفران الذنوب، ويصونان العبد من البغي وقبائح العيوب، ليتقرب إلى ربه المجيد، وينعم في الآخرة بالمزيد.

***

> حينما تشعر بتغير في علاقتك مع ربك لابد أن تغير حياتك لإعادة هذه العلاقة

40

ماهو حالك مع البلاء

﴿ وَاذْكُرْ عَبْدَنَا أَيُّوبَ إِذْ نَادَى رَبَّهُ أَنِّي مَسَّنِيَ الشَّيْطَانُ بِنُصْبٍ وَعَذَابٍ ﴾

ثماني عشرة سنة من البلاء ويقول مسني الشيطان

قال الله له (اركض برجلك) قد يكون العلاج تحت رجلك

كشف البلاء يسير علي الله فقط، الجأ وتضرع ولا تجزع ولا تقنط

لم يجزع سيدنا أيوب ولم يمل من الدعاء طيلة فترة الابتلاء

فكانت النتيجة (إِنَّا وَجَدْنَاهُ صَابِرًا نِّعْمَ الْعَبْدُ إِنَّهُ أَوَّابٌ)

يقول أهل العلم "دخل البلاء بإيمان وخرج بنفس الإيمان، لم يغيره البلاء، ما حالك بعد البلاء؟؟ هل تتسرع وتسيء الظن؟؟

أم نسرع ونقول لا إله إلا أنت سبحانك إني كنت من الظالمين

اصبر واحتسب فهذا حال الدنيا

وهذه المرونة فى ملاقاة الواقع البغيض قد تكلفك الابتسام له، وحمل النفس على حسن استقباله، لا لأنك تود بقاءه، بل تخفيفاً من شدة الضيق به، على نحو ما قال الشاعر:

ولما رأيت الشيب لاح بعارضى ومفرق رأسى قلت للشيب مرحبا

ولو خفت أنى إن كففت تحيتى تنكب عنى رمت أن يتنكبا

ولكن إذا ما حل كره فسامحت به النفس يوماً كان للكره أذهبا

إن السرعة التى نتقبل بها الأمر الواقع إذا لم يكن منه بد مدهشة النتيجة، فإننا لا نلبث حتى نوطد أنفسنا على الرضا بهذا الواقع، ثم ننساه بعد كل النسيان.

> قلب المؤمن متعلق بمولاه
> لا تعوقه العوائق ولا تحده الحدود

41
﴿وَكَذَٰلِكَ جَعَلْنَاكُمْ أُمَّةً وَسَطًا﴾

العدل مطلب شرعي وعقلي، لا إفراط ولا تفريط

من أراد السعادة فعليه أن يضبط عواطفه واندفاعاته، وليكن عادلا في كل أموره، في رضاه، وغضبه، سروره، وحزنه

ما أحسن الوسطية!! فإن الشرع نزل بالميزان، والحياة قامت على القسط.

ومن أتعب الناس من أستسلم لهواه وعواطفه

أجلس قلبك على كرسيه، ما يتوقع من مكروه لا يقع لك قبل وقوع ما تخاف وقوعه، يجب أن تقدر أسوأ الاحتمالات،

ثم توطن نفسك على تقبل هذا الأسوأ.

حينها تجد النجاة والاطمئنان

✽ ✽ ✽

> لا تتوقع زوال النعم وحلول النقم، بل علي الله توكل
> اعط المشكلة حجمها الصغير، ولا تفخم الحوادث

42

تأمل الجانب المشرق من المصيبة

﴿ أَوَلَا يَرَوْنَ أَنَّهُمْ يُفْتَنُونَ فِي كُلِّ عَامٍ مَّرَّةً أَوْ مَرَّتَيْنِ ثُمَّ لَا يَتُوبُونَ وَلَا هُمْ يَذَّكَّرُونَ ﴾

قال أحد الحكماء "إن عادة النظر إلي الجانب الصالح من كل حادثة هو أثمن من الحصول على مليون جنيه في السنة"

قال أحد السلف لرجل من المترفيين

إني أرى عليك نعمة فقيدها بالشكر

فلا تحزن من محنة فقد تكون منحة، ولا تحزن من بلية فقد تكون عطية

لا تحزن ولا تجزع من الألم، فلربما كان دافعا لك إلي البذل والعطاء، ونقطة انطلاق إلي النجاح والبلوغ والتميز

❋❋❋

> ربما امتحن الله العبد بمحنة ليخلصه بها من الهلكة؛ فتكون تلك المحنة أجل نعمة

43

إنـه الله

﴿ قُلْ مَن يُنَجِّيكُم مِّن ظُلُمَاتِ الْبَرِّ وَالْبَحْرِ ﴾.

﴿ وَنُرِيدُ أَن نَّمُنَّ عَلَى الَّذِينَ اسْتُضْعِفُوا فِي الْأَرْضِ ﴾.

﴿ قُلِ اللّهُ يُنَجِّيكُم مِّنْهَا وَمِن كُلِّ كَرْبٍ ﴾.

﴿ أَلَيْسَ اللَّهُ بِكَافٍ عَبْدَهُ ﴾.

وقال عنْ آدم: ﴿ ثُمَّ اجْتَبَاهُ رَبُّهُ فَتَابَ عَلَيْهِ وَهَدَى ﴾.

ونوحٍ: ﴿ وَنَجَّيْنَاهُ وَأَهْلَهُ مِنَ الْكَرْبِ الْعَظِيمِ ﴾.

وإبراهيم: ﴿ قُلْنَا يَا نَارُ كُونِي بَرْداً وَسَلَاماً عَلَى إِبْرَاهِيمَ ﴾.

ويعقوب: ﴿ عَسَى اللّهُ أَن يَأْتِيَنِي بِهِمْ جَمِيعاً ﴾.

ويوسف: ﴿ وَقَدْ أَحْسَنَ بِي إِذْ أَخْرَجَنِي مِنَ السِّجْنِ وَجَاء بِكُم مِّنَ الْبَدْوِ ﴾.

وداود: ﴿ فَغَفَرْنَا لَهُ ذَلِكَ وَإِنَّ لَهُ عِندَنَا لَزُلْفَى وَحُسْنَ مَآبٍ ﴾.

وأيوب: ﴿ فَكَشَفْنَا مَا بِهِ مِن ضُرٍّ ﴾.

ويونس: ﴿ وَنَجَّيْنَاهُ مِنَ الْغَمِّ ﴾.

وموسى: ﴿ فَنَجَّيْنَاكَ مِنَ الْغَمِّ ﴾.

ومحمد: ﴿ إِلاَّ تَنصُرُوهُ فَقَدْ نَصَرَهُ اللّهُ ﴾، ﴿ أَلَمْ يَجِدْكَ يَتِيماً فَآوَى{6} وَوَجَدَكَ ضَالّاً فَهَدَى{7} وَوَجَدَكَ عَائِلاً فَأَغْنَى ﴾.

﴿ كُلَّ يَوْمٍ هُوَ فِي شَأْنٍ ﴾:

قال بعضُهم: يغفرُ ذنباً، ويكشفُ كرْباً، ويرفع أقواماً، ويضعُ آخرين.

> -كُلَّ يَوْمٍ هُوَ فِي شَأْنٍ
> -يغفر ذنبا يكشف كربا
> يرفع أقواما، يضع آخرين

44
﴿وَيَرْزُقْهُ مِنْ حَيْثُ لَا يَحْتَسِبُ ۚ﴾

تجلس تترقب الرزق وأسبابه، وتقلق من فوات رزقك، أو ضياعه

لكن رزقك يأتي إليك من جهات لا تخطر على بالك

ليس الرزق محصورا بمال يأتيك

ولكن كل خير يصيبك، وكل شر يصرف عنك هو رزق

فكيف تبتئس وأنت تعلم أن الله مالك كل شيء؟!

ومتصرف بكل شيء، وجاعل لكل شيء قدرًا؟؟

فلا تتملق البشر لتطلب منهم رزقًا أو مكسبًا

فإن الله -عز وجل- ضمن الرزق والأجل والخلق

لأن أهل الإيمان شرفاء، والعزة لهم، ورؤوسهم دائما مرفوعة، وأنوفهم شامخة

❈ ❈ ❈

> اشكر ربك علي نعمة الدين والعقل والعافية والستر والسمع والبصر والرزق والذرية وغيرها

45

دواء الأحزان

لا شك أن الإنسان معرض للنكبات والمصائب، ولكن لا ينبغي أن يتصور أن ذلك هو نهاية الحياة وأنه الوحيد الذي أبتلي بتلك المصائب، بل عليه أن يخففها ويهونها على نفسه من خلال:

١-أحكم الحاكمين قد قضي وقدر ذلك وعليه الرضا

٢-أن يعلم أن الدنيا دار إبتلاء وكرب

٣-السخط لا يفيد، بل يضر بدين ودنيا العبد

٤-أن يتعزى بمن ابتلي بنفس البلاء وصبر

٥-أن يتصور المصيبة أكبر

٦-أن يطمع فيما عند الله من العوض

٧-أن يطلب الأجر

٨-أن ينظر إلى النعم الأخرى

❋❋❋

> إن العزلة عن كلِّ ما يشغلُ عن الخيرِ والطاعةِ دواءٌ عزيزٌ جرَّبهُ أطباءُ القلوبِ فنجح أيَّما نجاحٍ

46
لا تبك على ما فات

تذكر الماضي والتفاعل معه واستحضاره والحزن بمآسيه حمق، وجنون، وقتل للإرادة، وتبديد للحياة الحاضرة

إن ملف الماضي عند العقلاء يطوى ولا يروى، يقيد بحبال قوية في سجن الإهمال فلا يرى النور لأنه مضى وانتهى

لا تعش في كابوس الماضي وتحت مظلة الغائب

ذكر الله الأمم وما فعلت بقوله: (تلك أمة قد خلت)

إن الانشغال بالماضي يضيع حاضرك ومستقبلك

إن الناس لا ينظرون إلى الوراء، ولا يلتفتون إلى الخلف

✾ ✾ ✾

> ما مضى فات، وما ذهب مات
> فلا تحزن على ما مضى؛ فقد ذهب
> وانقضى

47
أكثر من الاستغفار

إن الاستغفار من أعظم الأسباب التي تجلب الخير في الدنيا والآخرة ؛ فأكثر من الاستغفار، وأبشر بكل خير

واستغفروا الله إن الله غفور رحيم

من أحب أن تسره صحيفته يوم القيامة فليكثر من الاستغفار

في الاستغفار:

مغفرة الذنوب، الفوز بمحبة الله

القوة في البدن، سعة الرزق

دفع المصائب والبلاء، بياض القلب

زوال الهموم والغموم، دفع العذاب، نور على الصراط

وفي الحديثِ: ((من أكثر منَ الاستغفارِ جعلَ اللهُ لهُ منْ كلِّ همٍّ فَرَجاً، ومن كلِّ ضيقٍ مخرجاً)).

***

> إنَّ المسألة لتغلقُ عليّ، فأستغفرُ الله ألف مرةٍ أو أكثر أو أقلَّ، فيفتحُها اللهُ عليَّ.
> (ابنُ تيمية)

48

اطمئن واطرد الهمَّ

راحةُ المؤمن غَفْلَةٌ، والفراغُ قاتلٌ، والعطالَةُ بطالَةٌ، وأكثرُ الناسِ هموماً وغموماً وكدراً العاطلونَ الفارغونَ. والأراجيفُ والهواجسُ رأسُ مالِ المفاليسِ من العملِ الجادِّ المثمرِ.

فتحرَّك واعملْ، وزاولْ وطالعْ، واتْلُ وسبِّحْ، واكتبْ وزُرْ، واستفدْ منْ وقتِك، ولا تجعلْ دقيقةً للفراغِ، إنك يوم تفرغُ يدخلُ عليك الهمُّ والغمُّ، والهاجسُ والوساوسُ، وتصبحُ ميداناً لألاعيبِ الشيطانِ.

***

عشْ مع القرآنِ حفظاً، وتلاوة، وسماعاً، وتدبراً؛ فإنه من أعظمِ العلاجِ لطردِ الحزنِ والهمّ.

49
لا تتجاهل الآخرين

إذا أردت الفوز بمحبة الناس أكثر وأكثر فلا تتجاهل واحدا منهم، بل عليك أن تحرص كل الحرص على أن تحترم الناس من حولك، وأن تعترف بعلمهم، ومكانهم، ومواهبهم.

فبقدر احترامك للناس واعترافك بفضلهم تجد الاحترام والاعتراف بك، فالإحسان إلى الغير انشراح للصدر فإذا أردت السعادة فاحرص على إسعاد الناس من حولك

فبقدر حرصك على إسعادهم سيحرصون على إسعادك

وبقدر اعترافك بفضلهم سيعترفون بفضلك

وإنَّ الإحسان إلى الناسِ يُضفي على القلبِ سروراً، وعلى الصدرِ انشراحاً، وهو يعودُ على مُسديهِ أعْظَمَ بركةٍ وثوابٍ وأجرٍ وراحةٍ ممنْ أُسدي إليهِ.

***

> أحسن إلى الناس بأنواع الإحسان ينشرح صدرك.

50

﴿فَاصْبِرْ صَبْرًا جَمِيلًا﴾

قد وقع البلاء والمصيبة قد حلت، فلماذا الاعتراض والسخط على القضاء والقدر؟!

إنه الصبر الجميل الذي لا جزع فيه ولا شكوى

التحلي بالصبر من شيم الكبار الذين يتلقون المكاره برحابة صدر

وبقوة إرادة وبمناعة أبية

وإن لم نصبر فماذا نصنع؟! ماذا بأيدينا؟!

واصبر وما صبرك إلا بالله، اصبر صبر واثق من فرج مولاه

عالم بحسن المصير، طالب للأجر، راغب في تكفير السيئات

طالعت سنة سيد العظماء فوجدت مثالًا مشرفا على الصبر واليقين بوعد الله

مرض عمران بن حصين بداء الاستسقاء، لبث معه ثلاثين عاما، ما ضَجِر منه ولا قال أُفّ، بل كان مثابرا على عبادته، فدخل عليه رجل يوما ليزوره فبكى الرجل فقال له: ما يبكيك؟! قال مما أنت فيه ؛ فرد عليه وقال: (إن أحب الأشياء إلى نفسي، أحبها إلى الله)

***

> إنَّ منِ احتمل المحنة، ورضي بتدبيرِ اللهِ تعالى في النكْبةِ، وصبر على الشِّدَّةِ، كشف له عنْ منفعتِها، حتى يقف على المستورِ عنه منْ مصلحتِها.

51
رب لا يظلم ولا يهضم أحدا

﴿ وَلَا يُظْلَمُونَ فَتِيلًا ﴾

ألا يحقُّ لك أنْ تَسْعَدَ؟؟ وأنْ تهدأ، وأنْ تسكن إلى موعودِ اللهِ، إذا علمت أنَّ في السماء ربّاً عادلاً، وحكماً مُنصفاً، أدخل امرأة الجنة في كلبٍ، وأدخل امرأةً النار في هِرَّة.

فهذا ينفعُك ويُثلجُ صدرك، بحيثُ تعلمُ أنه سبحانه وتعالى يجزي على القليلِ، ويُثيبُ على العملِ الصغيرِ، ويُكافئُ عبدهُ على الحقيرِ.

فرج عن مكروب -أعط محروما- انصر مظلوما-أطعم جائعا- اسق ظامئا -عد مريضا-شيع جنازة-واس مصابا - قد أعمي – أرشد تائها - أكرم ضيفا -احترم كبيرًا -ارحم صغيرا -ابذل طعامك-تصدق بدرهمك فإنه صدقة لك

إن هذه المعاني الجميلة والصفات السامية من أعظم ما يجلب السعادة وانشراح الصدر وطرد الهم والقلق والحزن

❊ ❊ ❊

> هنيئاً لمن بات والناسُ يدعون له، وويلٌ لمن نامَ والناسُ يدعون عليه، وبُشْرَى لمنى أحبته القلوبُ، وخسارة لمن لعنتْه الألسنُ.

52
اكسب الناس

من سعادة العبد قدرته على كسب الناس، واستجلاب محبتهم، وعطفهم

قال إبراهيم -عليه السلام- واجعل لي لسان صدق في الآخرين-

أي الثناء الحسن

وقال تعالي عن موسي -عليه السلام- (وألقيت عليك محبة مني)

قال بعضهم: ما رأك أحد إلا أحبك

وفي الحديث "أنتم شهداء الله في الأرض"

ومن أسباب الود بسطة الوجه، ولين الكلام، وسعة الخلق

وكذلك من العوامل القوية في جلب أرواح الناس إليك الرفق -ما كان الرفق في شيء إلا زانه

✳ ✳ ✳

> المؤمن كالنحلة تأكل طيبا وتصنع طيبا
> وإذا وقعت على عود لم تكسره

53
حاسب نفسك

ما من عمل هام إلا وله حساب يضبط دخله وخرجه، وربحه وخسارته. إلا حياة الإنسان فهي وحدها التي تسير على نحو مبهم لا يدري فيه ارتفاع أو انخفاض.

هل يفكر أكثرنا، أو أقلنا في إمساك دفتر يسجل فيه ما يفعل وما يترك من حسن أو سوء؟! ويعرف منه بين الحين والحين رصيده من الخير والشر؟! وحظوظه من الربح والخسارة؟!.

لو أننا نسير في الدنيا بخطوات عشوائية، ونتصرف على ما يحلو لنا دون معقب، أو حسيب لجاز على تفريط وحمق أن نبعثر حياتنا كما يبعثر السفيه ماله، وأن نذهل عن الماضي وما ضم من تجارب، وأن نقتحم المستقبل غير متهيبين خطأ أو خطيئة!!.

فكيف ولله حفظة يدونون مثقال الذرة؟! ويعدون لنا قوائم بحساب طويل؟! ((ووضع الكتاب فترى المجرمين مشفقين مما فيه ويقولون يا ويلتنا مال هذا الكتاب لا يغادر صغيرة ولا كبيرة إلا أحصاها ووجدوا ما عملوا حاضرا ولا يظلم ربك أحدا).

أما يجب أن نستكشف نحن هذا الإحصاء الذي يخصنا وحدنا؟!.

أما ينبغي أن نكون على بصيرة بمقدار ما نفعل من خطأ وصواب؟!.

الحق أن هذا الانطلاق في إعماء الحياة دون اكتراث بما كان ويكون، أو الاكتفاء بنظرة خاطفة لبعض الأعمال البارزة أو الأعراض المخوفة، الحق أن ذلك نذيرُ شؤم.

وقوله: "الكيس من دان نفسه وعمل لما بعد الموت، والعاجز من أتبع نفسه هواها وتمنى على الله".

وفي ظني أن كثيرا من الناس يصلون إلى هذه النتيجة نفسها عندما يدرسون أنفسهم.

احتفظِ بمذكّرةٍ لديك، لتُحاسب بها نفْسك، وتذكر فيها السلبيَّاتِ الملازمة لك، وتبدأ بذكْر التَّقدُّمِ في معالجتِها.

قال عمرُ: حاسِبوا أنفُسكُمْ قبل أنْ تُحاسبوا، وزِنُوها قبل أن تُوزنوا، وتزيَّنوا للعرضِ الأكبرِ.

54

﴿وَلَا تَنسَوُا الْفَضْلَ بَيْنَكُمْ ۚ﴾

نزلت الآية في مجرد رجل عقد على امرأة ولم يدخل بها

فماذا عن الناس الذين بينهم علاقات اجتماعية لسنوات ثم تقطع؟! هؤلاء ماذا تقول لهم؟!

وهذان لم يقضيا مع بعضهما بضعة أشهر، والعلاقات لم تتعمق بعد، وربنا يقول (ولا تنسوا الفضل بينكم)

فماذا عن اللذين عاشوا أياما جميلة مع بعضهم البعض، وعاشوا جيرانا، ثم يفجرون في الخصومة، ويقتلون بعضهم، ويضربون بعضهما لبعض، ماذا تقول لهم؟؟

العلاقات البشرية لو لم يدخل فيها رضا الله لن تستمر

***

> الذي ينشغل برضا الله يسهل عليه العفو
> لابد أن نتعامل مع بعضنا البعض بالفضل، فإن لم نستطع فبالعدل، وإياك والظلم

55
عش اللحظة الحالية بوعي

إذا أصبحت فلا تنتظر المساء، وإذا أمسيت فلا تنتظر الصباح

تنبعث مخاوفنا عندما نطيل التفكير في تجارب الماضي، أو نبدأ في القلق بشأن ما يحمله المستقبل، والوسيلة الأكثر فاعلية للتغلب على تلك المخاوف هي التركيز على اللحظة الحالية، وهنا يظهر الوعي التام

فترى القرآن عندما تحدث عن الماضي قال (تلك أمة قد خلت) لا تنشغل كثيرا خذ العبرة وامض، تعلم لكن لا تعش في سجن الماضي

والنبي -صلي الله عليه وسلم- علمنا ألا ننشغل بالمستقبل كثيرا لأنه لم يخلق، لا تنتظره

ركز على تفاصيل يومك وما تفعله الآن

مارس الوعي التام في أي وقت

قم سبح طالع اقرأ أحسن عملك في يومك

❋ ❋ ❋

> إذا تذكرت الماضي فاذكر تاريخك المشرق لتفرح، وإذا ذكرت يومك فاذكر إنجازك تسعد، وإذا ذكرت الغد فاذكر أحلامك الجميلة لتتفاءل

56
لا تصاحب إلا مؤمنًا

إن وقت فراغك ثمين ومن المهم قضاؤه مع أشخاص إيجابيين

هناك بعض الأشخاص عندما تقابلهم تشعر بالاستنزاف والإحباط

فإذا كنت تفزع من مقابلة شخص ما فلا تقابله

تخلص من هذه العلاقة السامة، واقض وقتك بدلا من ذلك مع من يستحقونك

إذا لم تستطع التخلص من بعض العلاقات في حياتك في العمل، في العائلة، قم بإرساء حدود بينكم، قم بتقليل الرتبة بينكم

وإذا تكررت المشكلة تجنب الشخص تماما

فالصديق الحق المؤمن من يراعي شعور إخوانه، ويحرص على محبتهم

✽ ✽ ✽

> تخلص من أي علاقة سامة في حياتك وكن مع من يستحق أن تكون معه

57
قال معاذ الله

كم من المواقف في حياتنا اليومية التي نجبر على قبولها رغم أنها تنافي تفكيرنا!!

قد يكون من الصعب قول لا عندما يطلب منك القيام بشيء ما

وبسبب هذا الأمر ينتهي بك المطاف بالوقوع تحت وطأة عدد كبير من الالتزامات، أو الوقوع في الأخطاء

في المرة التالية التي يطلب أحدهم منك تولي أمر لا ترغب في توليه قل له: معذرة لا أستطيع

دون أن تشعر بالحاجة إلى فعل ذلك

قل معاذ الله مباشرة لأي أمر يرهقك

قل معاذ الله لأي فعل يغضب الله

قل معاذ الله لأي علاقة سامة في حياتك

❋ ❋ ❋

> تعلم أن تقول لا
> ولا تقل نعم على حساب نفسك
> فنفسك هي أهم شيء تملكه

58
رتب أولوياتك

﴿ قُلْ إِن كَانَ آبَاؤُكُمْ وَأَبْنَاؤُكُمْ وَإِخْوَانُكُمْ وَأَزْوَاجُكُمْ وَعَشِيرَتُكُمْ وَأَمْوَالٌ اقْتَرَفْتُمُوهَا وَتِجَارَةٌ تَخْشَوْنَ كَسَادَهَا وَمَسَاكِنُ تَرْضَوْنَهَا أَحَبَّ إِلَيْكُم مِّنَ اللَّهِ ﴾

ترتيب الأولويات من أهم المطالب التي ينبغي أن توليها اهتمامك. حاول أن تضع قائمة بأولوياتك وأهمها، وبعدها احذف أي شيء يشغل وقتك. افسح مجالًا في جدولك للأشياء التي تجعل قلبك يطمئن ويسعد حقًّا.

الإسلام جاء منظِّمًا لحياة البشر، مؤكدًا على ضرورة ترتيب الأشياء بحسب أولوياتها وأهميتها. رتب أولوياتك جيدًا، اهتم بعقلك ثم جسدك. العلم قدمه على العمل، فإذا لم تتعلم فلن تتقن عملك.

❋ ❋ ❋

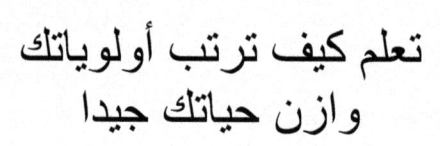

> تعلم كيف ترتب أولوياتك وازن حياتك جيدا

59

حول الخسائر إلى أرباح

كن ذكيًا وحول الخسائر إلى أرباح، ولا تكن جاهلًا تجعل المصيبة التي تحل بك مصيبتين. طُرِدَ النبي -صلى الله عليه وسلم- من مكة فأقام في المدينة دولة سمِعَتْ بها كل الدنيا. سُجِنَ الإمام أحمد، وجُلِدَ ظَهْرُهُ؛ فصار إمام السنة. حُبِسَ ابن تيمية فأخرج من السجن الكثير من العلم. إذا ألمت بك مصيبة فتأمل الجانب المشرق منها. إذا ناولك أحدهم كوب ليمون فأضف إليه السكر، تكيف مع ظرفك القاسي حتى تخرج منه بأفضل حال، وتعلم منه الكثير (وعسى أن تكرهوا شيئًا وهو خير لكم)."

❊ ❊ ❊

انظرْ إلى الجانبِ المشرقِ من المصيبةِ، وتلمّحْ أجرها، واعلمْ أنها أسهلُ من غيرِها، وتأسَّ بالمنكوبين

60
أسس الراحة

التسليم لقضاء الله تعالى وقدره، مع التركيز على فضائل القناعة والإحسان، فالحياة الدنيا قصيرةٌ، والماضي قد ذهبَ بمخاوفه وأحزانه، والمستقبل غامضٌ لم يأتِ بعد.

لا ينبغي للإنسان أن يحزن على ماضي لا يستطيع تغييره، أو أن يشغل باله بمستقبل لم يصل.

رزق الإنسان مقدرٌ من الله تعالى، لا يملكه أحدٌ ولا يتحكم فيه.

بدلًا من التركيز على ما لا نملك، ينبغي علينا أن نُركز على ما يمكننا فعله، وهو الإحسان إلى الناس.

الإحسان يُضفي على القلبِ السعادةَ والراحةَ، ويُثيب الله تعالى المُحسنين خير الجزاء.

ومنْ شِيم المؤمنِ عدمُ الاكتراثِ بالنقْدِ الجائر الظالمِ، فحتى الله تعالى لم يسلم من السبّ والشتم.

ينبغي على المؤمن أن يتحلى بالصبر والقناعة، وأن يُركز على عبادته لربه، وأن يسعى للإحسان إلى الناس، وألا يلتفت إلى الأقوال الجارحة.

التسليم لقضاء الله تعالى وقدره، والقناعة بما قسمه الله، والإحسان إلى الناس، كلّها صفاتٌ تُساعد الإنسان على العيش بسعادة وراحة.

❋ ❋ ❋

> فعلام تَحْرِقُ أدمُعاً قد وُضِّئتْ ويظلُّ يُقْلِقُ قلْبَك الإرهابُ
> وكِّلْ بها ربّاً جليـــلاً كلَّــما نام الخلِيُّ تَفَتَّحتْ أبوابُ

61
توقف

أربعٌ تُورثُ ضنْكَ المعيشةِ، وكَدَرَ الخاطرِ، وضيقَ الصَّدْرِ:

أولها: التسخّطُ من قضاءِ اللهِ وقدرِهِ، وعدمُ الرِّضا بما قسمهُ لكَ، ممّا يُشعِرُكَ بالضيقِ في معيشتِكَ وكدرِ خاطرِكَ وضيقِ صدرِكَ.

ثانيها: الوقوعُ في المعاصي بلا توبةٍ، ممّا يُغضبُ اللهَ تعالى ويُضيّقُ عليكَ رزقَكَ ويُثقلُ قلبَكَ بهمومِ الدنيا.

ثالثها: الحقدُ على الناسِ، وحبُّ الانتقامِ منهمْ، وحسدُهم على ما آتاهمُ اللهُ من فضلِهِ، ممّا يُفسِدُ قلبَكَ ويُشعِرُكَ بالتعاسةِ والشقاءِ.

رابعها: الإعراضُ عنْ ذكرِ اللهِ، ممّا يُحرمُكَ منْ بركةِ ذكرهِ ويُضيّقُ عليكَ رزقَكَ ويُشعِرُكَ بالوحدةِ والقنوطِ.

ولكي ترفق بقلبك عليك:

التسليمِ لقضاءِ اللهِ وقدرِهِ، والشكرِ على ما آتاكَ من نعمٍ، والرضا بما قسمهُ لكَ.

التوبةِ من الذنوبِ، والاستغفارِ من اللهِ تعالى، والابتعادِ عن المعاصي.

طردِ الحقدِ والحسدِ من قلبِكَ، والتعاملِ مع الناسِ بِحبٍّ وتسامحٍ.

الإكثارِ من ذكرِ اللهِ تعالى، ودعاءِهِ، وطلبِ العونِ منهِ في كلّ أمورِكَ.

فبِهذهِ الصفاتِ تُصبحُ حياتُكَ سعيدةً هانئةً، ويُنيرُ قلبُكَ نورُ الإيمانِ والرضا.

***

> صفاء النية، ونقاء السريرة، وحسن الظن؛ من أعظم أبواب التوفيق والرزق.

62
احفظ لسانك

إن الكلمة لها قدر عظيم في دين الله – جل وعلا –، فبكلمة واحدة يدخل الإنسان في دين الله، وبكلمة يخرج من دين الله، وبكلمة تشيع روح المحبة بين الناس، وبكلمة تشتعل الحروب بين الشعوب.

وبكلمة يهوى بها الإنسان في جهنم، وبكلمة يُرفع درجات في الجنة، ومن أجل ذلك قال –صلى الله عليه وسلم– كما في الصحيحين: "من كان يؤمن بالله واليوم الآخر فليقل خيراً أو ليصمت".

قال الإمام النووي في رياض الصالحين: وهذا الحديث صريح في أنه ينبغي ألا يتكلم إلا إذا كان الكلام خيراً، وهو الذي ظهرت مصلحته، ومتى شك في ظهور المصلحة فلا يتكلم.

وعن أبي سعيد الخدري –رضي الله عنه– عن النبي –صلى الله عليه وسلم– قال: ((إذا أصبح ابن آدم فإن الأعضاء كلها تكفر اللسان تقول: اتق الله فينا، فإنما نحن بك: فإن استقمت استقمنا وإن اعوججت اعوججنا))

❋ ❋ ❋

> إياك وتجريح الأشخاصِ والهيئاتِ، وكن سليمَ اللسانِ، طيبَ الكلامِ، عَذْبَ الألفاظِ، مأمونَ الجانبِ.

63
لا تتردد

﴿ فَإِذَا عَزَمْتَ فَتَوَكَّلْ عَلَى اللهِ ﴾ ﴿ إِنَّ اللهَ يُحِبُّ الْمُتَوَكِّلِينَ ﴾.

إن كثيراً منا يضطربُ عندما يريد أن يتخذ قراراً، فيصيبُه القلقُ والحيرةُ والإرباكُ والشكُّ، فيبقى في ألمٍ مستمرٍ وفي صداعٍ دائمٍ. إن على العبدِ أن يشاور وأن يستخير اللهَ، وأن يتأمَّل قليلاً، فإذا غلب على ظنه الرأيُ الأصوبُ والمسلكُ الأحسنُ أقدم بلا إحجام، وانتهى وقتُ المشاورةِ والاستخارةِ، وَعَزَم وتوكَّل، وصمَّم وَجزَم، لينهي حياة التردُّد والاضطرابِ.

لقد شاور ﷺ الناس وهو على المنبر يوم أُحُد، فأشاروا بالخروجِ، فلبس لأمته وأخذ سيفه، قالوا: لعلَّنا أكرهناك يا رسول الله؟ لو بقيت في المدينةِ. قال: ((ما كان لنبي إذا لبس لأمته أن ينزعها حتى يقضي اللهُ بينه وبين عدوِّهِ)). وَعَزَم ﷺ على الخروجِ.

إن المسألة لا تحتاجُ إلى ترددٍ، بل إلى مضاءٍ وتصميمٍ وعزمٍ أكيدٍ، فإن الشجاعة والبسالة والقيادة في اتخاذِ القرارِ.

تداول ﷺ مع أصحابِه الرأي في بدرٍ: ﴿ وَشَاوِرْهُمْ فِي الأَمْرِ ﴾، ﴿ وَأَمْرُهُمْ شُورَى ﴾، فأشارُوا عليه فَعَزَم ﷺ وأقدم، ولم يلو على شيءٍ.

إن التردُّد فسادٌ في الرأيِ، وبرودٌ في الهمَّةِ، وَخَورٌ في التصميمِ، وشَتاتٌ للجهدِ، وإخفاقٌ في السَّيْرِ. وهذا التردُّدُ مرضٌ لا دواء له إلا العزمُ والحزمُ والثباتُ. أعرفُ أناساً من سنواتٍ وهم يُقدِمون ويُحجمون في قراراتِ صغيرةٍ، وفي مسائل حقيرةٍ، وما أعرفُ عنهم إلا روح الشكِّ والاضطرابِ، في أنفسِهم وفيمن حولهم.

> إذا كنت ذا رأي فكنُ ذا عزيمةٍ
> فإنَّ فساد الرأي أن تتردَّدا

64
لا تتجاهل الآخرين

وإذا أردت أن تفوز بمحبة الناس أكثر وأكثر فلا تتجاهل واحداً منهم.

بل عليك أن تحرص كل الحرص على أن تحترم الناس من حولك وأن تعترف بفضلهم، ومكانتهم، ومواهبهم.

فبقدر احترامك للناس واهتمامك بهم واعترافك بفضلهم تجد الاحترام والاهتمام والاعتراف بك.

وبقدر التجاهل والتحقير من شأن الناس تجد منهم التجاهل والتحقير من شأنك.

- وهل هناك عاقل يزعم أن الناس يحبون من يتجاهلهم أو يهينهم؟!
- وهل هناك من يعتقد أن الناس يمدحون من يذمهم؟!

إذا أردت السعادة فاحرص على إسعاد الناس من حولك فبقدر حرصك على إسعادهم سيحرصون على إسعادك... وبقدر اعترافك بفضلهم سيعترفون بفضلك.

✲ ✲ ✲

> عجباً لنا! نريدُ من الناسِ أن يكونوا حلماء ونحنُ نغضبُ، ونريدُ منهم أن يكونوا كرماء ونحن نبخلُ، ونريد منهم الوفاء بحسن الإخاءِ، ونحن لا نؤدي ذلك.

65
حسِّنْ خلُقكَ

حُسْنُ الخُلُقِ يُمْنٌ وسعادةٌ، وسُوءُ الخُلُقِ شُؤمٌ وشقاءٌ.

((إن المرء لَيبْلغ بحسنِ خلُقِهِ درجةَ الصائمِ القائمِ)). ((ألا أُنبِّئُكم بأحبِّكمُ وأقربِكُمْ منِّي مجلساً يوم القيامةِ؟! أحاسنُكمْ أخلاقاً)).

﴿ وَإِنَّكَ لَعَلَى خُلُقٍ عَظِيمٍ ﴾. ﴿ فَبِمَا رَحْمَةٍ مِّنَ اللهِ لِنتَ لَهُمْ وَلَوْ كُنتَ فَظّاً غَلِيظَ الْقَلْبِ لاَنفَضُّواْ مِنْ حَوْلِكَ ﴾. ﴿ وَقُولُواْ لِلنَّاسِ حُسْناً ﴾.

وتقولُ أمُّ المؤمنين عائشةُ بنتُ الصديق – رضي الله عنهما – في وصفها المعصوم عليه صلاةُ ربي وسلامُه: ((كان خُلُقُهُ القُران)).

إن سَعَةَ الخُلُق، وبَسْطَةَ الخاطرِ نعيمٌ عاجلٌ، وسرورٌ حاضرٌ لمن أراد به اللهُ خيْراً، وإنَّ سرعة الانفعالِ والحِدَّةِ وثورة الغضبِ نكَدٌ مستمرٌّ، وعذابٌ مقيمٌ.

❋ ❋ ❋

> بعد رحيلك سيفتقدك
> من كنت ترعاه بصدقة، أو توقظه لصلاة،
> أو تواسيه بكلمة، أو تعلمه علماً، أو
> تنصحه سراً، أو تقبل عليه بوجهٍ بشوش
> "فـأنت عابرُ سبيـل؛ فكـن ذا أثــرٍ
> جميـل"

66
تفاعل مع الحياة بإيجابية حتى تسعد

يمكنك أن تختار طريقة تفكيرك، فإذا اخترت أن تفكر بإيجابية تستطيع أن تزيل الكثير من المشاعر غير المرغوب فيها، فهي مما يعوقك من تحقيق الأفضل لنفسك ولغيرك.

لا تسمح لأحد أن يستفزك، كن هادئا.

اسع للفضيلة، وإلى معالي الأمور

ركز على الإيجابيات في الأشخاص المحيطين بك

إذا كنت تشعر بالإحباط اقرأ كتابا، زر صديقا، اتصل بصديق، مارس الرياضة.

ابتسم فإن الابتسامة هي السحر الحلال

للابتسامة تأثير قوي على الذي أمامك

✻ ✻ ✻

> الشخص السعيد يفكر دائما بطريقة إيجابية ربحية له ولغيره؛ فهو دائم التغيير والتصور والنتيجة

67

عجبا لأمر المؤمن

إن الابتلاء سنة ثابتة لا تتغير

﴿أَحَسِبَ النَّاسُ أَن يُتْرَكُوا أَن يَقُولُوا آمَنَّا وَهُمْ لَا يُفْتَنُونَ﴾

(وَلَنَبْلُوَنَّكُمْ بِشَيْءٍ مِنَ الْخَوْفِ وَالْجُوعِ وَنَقْصٍ مِنَ الْأَمْوَالِ وَالْأَنْفُسِ)

وصح عنه -عليه الصلاة والسلام- أنه قال (عَجِبْتُ لأمرِ المؤمنِ، إنَّ أمرَهُ كُلَّهُ خيرٌ، إن أصابَهُ ما يحبُّ حمدَ اللَّهَ وَكانَ لَهُ خيرٌ، وإن أصابَهُ ما يَكْرَهُ فصبرَ كانَ لَهُ خيرٌ، وليسَ كلُّ أحدٍ أمرُهُ كلُّهُ خيرٌ إلَّا المؤمنُ)

إن الحياة الدنيا لا تسير أبدًا في خطٍ مستقيمٍ فهي لا تصفو لأحد، فالمشقة والشدائد والمصائب والبلايا ضيفٌ لابد منه فيها، فهي سنة الله التي لا تتبدل مع عباده

وإن المؤمن الحق نفسه مطمئنة بوعد الله؛ فهو مأجور على كل حال، وسوف يفرج الله همه، ويزيل غمة

سنة الله في الدنيا لاتدوم على حال وأشد الناس بلاء الأنبياء ثم الذين يلونهم.

فاطمئن أيها المصاب فإنك مأجور وماعند الله خير وأبقى

❋ ❋ ❋

لَيسَ مَن ماتَ فَاِستَراحَ بِميت
إِنَّما المَيت ميت الأحياء
إِنَّما الميت من يَعيشُ كَئيباً
كاسِفاً بالَه قَليل الرَجاءِ

68

﴿وَإِذَا سَأَلَكَ عِبَادِي عَنِّي فَإِنِّي قَرِيبٌ﴾

قريب أسمع وأجيب وأعطي البعيد والقريب وأرزق العدو والحبيب

قريب يغيث اللهفان، ويشبع الجوعان، ويسقي الظمئان

قريب عطاؤه ممنوح، وبابه مفتوح

بقدرِ إكثارك من ذكرِه ينبسطُ خاطرُك، يهدأُ قلبُك، تسعدُ نفْسُك، يرتاحُ ضميرك، لأن في ذكره جلَّ في عُلاه معاني التوكلِ عليه، والثقةِ به والاعتمادِ عليه، والرجوعِ إليه، وحسنِ الظنِّ فيه، وانتظار الفرجِ منُه، فهو قريبٌ إذا دُعِي، سميعٌ إذا نُودِي، مجيبٌ إذا سُئِلَ، فاضرعْ واخضعْ واخشعْ، ورَدِّدِ اسمهُ الطيب المبارك على لسانِك توحيداً وثناءً ومدحاً ودعاءً وسؤالاً واستغفاراً، وسوف تجدُ – بحولِهِ وقوتِهِ – السعادة والأمنَ والسرور والنور والحبورَ ﴿فَآتَاهُمُ اللّهُ ثَوَابَ الدُّنْيَا وَحُسْنَ ثَوَابِ الآخِرَةِ﴾.

***

للهِ تعالى رَوْحٌ يأتي عند اليأسِ منهُ، يُصيبُ به منْ يشاءُ من خلقِهِ، وإليهِ الرغبةُ في تقريبِ الفرجِ، وتسهيلِ الأمرِ، والرجوعِ إلى أفضلِ ما تطاول إليه السُّؤْلُ، وهو حسبي ونِعْم الوكيلُ.

69
استمتع بلحظتك الحالية

عِش حياتك ولا تعش ظروفها.. عِش لحظاتك كلها فلحظاتك جزء منك، بل هي أنت، أما ظروف حياتك فهي ما يحيط بك، لذا تذكَّر أنك كلما أوغلت في الاهتمام بما حولك؛ فإن هذا سيكون على حساب نفسك وسعادتك وعمرك بكل تأكيد. عِش ببساطة واستمتاع، لا تدخر السعادة للغد، بل اعتبر اللحظة هي زمانك ومكانك، لا تكن أسير آلام وقسوة الماضي، ولا رهين قلق وتوجسات المستقبل.. لا تخجل من انكساراتك وعثراتك.. ولا تهمل لحظاتك ونجاحاتك الصغيرة، احتفل بنفسك.. كافئها، واثنِ عليها.. فمتعة النجاح كما قلنا تتمثل في رحلة حياتك بكل ما فيها من انتصارات وخسائر. واعلم أن داخل كل نفسٍ إنسانية حصان جامح نحو (قطعة سكر) هدفه المنشود، لذا كُن واعياً أن يجمح بك حصان نفسك فتضيع حياتك.

لا تعش لحظاتك بعقلية المدّخر ولا البخيل.. كونوا بُسطاء مع الفرح ومع الحياة، استمتعوا بكل ما وهبكم الله من نعم.. وتذكَّروا دائماً أن النجاح الأكبر هو أن تعيش حياتك بالطريقة التي تُحب.

✳ ✳ ✳

> خلقت الشمسُ لك فاغتسلْ بضيائها، وخلقتِ الرياحُ لك فاستمتعْ بهوائِها، وخلقتِ الأنهارُ لك فتلذذْ بمائها، وخلقتِ الثمارُ لك فاهنأْ بغذائها، واحمد من أعطى جل في علاه.

70

﴿وَاصْبِرْ عَلَى مَا يَقُولُونَ وَاهْجُرْهُمْ هَجْرًا جَمِيلًا﴾

أي اصبر يا محمد على ما يقولون من الأذى

لا تأخذ السب بالسب، والشتم بالشتم، والأذى بالأذى

جمال الروح إعراضك عن هذا الخلق بجميل الهجر

هناك علاقات وهناك علاقات لا ينفع معهم القُرب بأشكاله وأصنافه، الهجر الجميل هو أنسب وضع، والفرق بين الهجر الجميل والهجر العادي أن الهجر الجميل ليس فيه غل، ليس فيه أذى، ليس فيه خصام، فإذا قابلته ستصافحه، وإذا احتاجك ستساعده، فالله أوجد لك قوانين لكل التفاصيل التي سوف تعيشها سويا، مطمئنا، فيصرف عنك مشتتات الدنيا التي تشغلك عن رسالتك، وتستنفد طاقتك وقدراتك في غير محلها.

❋ ❋ ❋

> إذا صبرت فاصبر بلا شكوى
> وإذا هجرت فاهجر بلا أذى
> وإذا صفحت فاصفح بلا عتاب
> *فاصبر صبرا جميلا*
> *واهجرهم هجرا جميلا*
> *فاصفح الصفح الجميل*
> جَمَّلَنِا الله بكل ما هو جميل

71

عامل الناس بما تحب أن يعاملوك

عن النبي ﷺ قال: "لا يؤمن أحدكم حتى يحبَّ لأخيه ما يحبُّ لنفسه".

عامل الناس بما تحب أن يعاملوك، فكلمتك الطيبة لها أثر، واعتذارك له قيمة، وتبرير أخطائك له معنى، حتى تفهمك لغيرك هو أدب جم، والتغاضي عن الأخطاء هو وعي يستحق الشكر، وصون الود ود آخر، ومراعاة المشاعر نبل

ماتقدمه لغيرك هو عائد لك بشكل أجمل، لتعش حياتك كما تحب أن تكون.

إنّ الحسنة بين السيِّئتين: سيئة الإفراط وسيئة التفريط، وإن الخيْر بين الشرَّين: شرِّ الغُلُوِّ وشرِّ المجافاةِ، وإن الحقَّ بين الباطلينِ: باطلِ الزيادةِ وباطلِ النقصِ، وإن السعادة بين الشقاءين: شقاءِ التهورِ وشقاءِ النكوصِ.

فلتكن عادلا حكيما في أمورك.

❋❋❋

﴿ وَكَذَلِكَ جَعَلْنَاكُمْ أُمَّةً وَسَطاً﴾. السعادة في الوَسَطِ، فلا غُلُوَّ ولا جَفَاءَ، ولا إفراط ولا تفريط، وإن الوسطيَّة مِنْهجٌ ربَّانيٌّ حميدٌ يمنعُ العبد من الحَيْفِ إلى أحدِ الطرفيْن.

72
لكل أجل كتاب

قال تعالى: ﴿فَإِذَا جَاءَ أَجَلُهُمْ لا يَسْتَأْخِرُونَ سَاعَةً وَلَا يَسْتَقْدِمُونَ﴾ . فهناك أجل مسمى لا يستطيع أحد من البشر أن يقدمه أو يؤخره.. فلو اجتمع أهل الأرض على أن يقدموا موت إنسان ساعة واحدة ما استطاعوا، ولو اجتمع أهل الأرض على أن يؤخروا موت إنسان ساعة واحدة ما استطاعوا.

إذن فلماذا الحزن والخوف من أن تموت قبل أوانك؟!

قال علي بن أبي طالب: «إن الآخرة قد ارتحلت مقبلة، وإن الدنيا قد ارتحلت مدبرة، فكونوا من أبناء الآخرة، ولا تكونوا من أبناء الدنيا، فإن اليوم عمل ولا حساب، وغدا حساب ولا عمل».

إنَّ الإنسان يجبُن من المخاوفِ، وينخلعُ قلبه من مظانِّ المنايا، وإذا بالمآمنِ تقتلُه، ﴿الَّذِينَ قَالُواْ لإِخْوَانِهِمْ وَقَعَدُواْ لَوْ أَطَاعُونَا مَا قُتِلُوا قُلْ فَادْرَؤُوا عَنْ أَنفُسِكُمُ الْمَوْتَ إِن كُنتُمْ صَادِقِينَ﴾. والعجيبُ فينا أننا لا نفكرُ في لقاءِ اللهِ -عزَّ وجلَّ-، ولا في حقارةِ الدنيا، ولا في قصةِ الارتحالِ منها إلا ذا وقعْنا في المخاوفِ.

***

الآجال مواقيتُ لا تُؤخَّر لإرضاء الناس، ولا تُقدَّم لأمانيِّ أعاديهم، بل اللهُ يقدِّرها بعلمه، ويقضي فيها بحكمته ومشيئته.

73
الودود

«محبَّةُ اللهِ تعالى، ومعرفُته، ودوامُ ذِكْرِه، والسُّكُونُ إليه، والطمأنينةُ إليه، وإفرادُه بالحُبِّ والخوفِ والرجاءِ والتَّوكُّلِ، والمعاملةُ، بحيثُ يكون هو وَحْدَهُ المستولي على همومِ العبدِ وعزماتِه وإرادتِه. هو جنَّةُ الدنيا، والنعيمُ الذي لا يُشبِهُهُ نعيمٌ، وهو قُرَّة عينِ المُحِبين، وحياةُ العارفين».

«تعلُّقُ القلبِ باللهِ وحدهُ واللَّهجُ بذِكرِهِ والقناعةُ أسبابٌ لزوالِ الهمومِ والغمومِ، وانشراحُ الصدرِ والحياةُ الطَّيِّبة. والضِّدُّ بالضِّدِّ، فلا أضيقُ صدراً، وأكْثَرُ همّاً ممَّنْ تعلَّق قلبُه بغيرِ اللهِ، ونسي ذِكْر اللهِ، ولم يقْنَعْ بما آتاهُ اللهُ، والتَّجرِبةُ أكبرُ شاهدٍ».

***

> إذا ضاقتْ عليك الأرضُ بما رحُبتْ وضاقتْ عليك نفسُك بما حملتْ فاهتفْ: يا الله.
> إليه يصعدُ الكلِمُ الطيبُ، والدعاءُ الخالصُ، والهاتفُ الصَّادقُ، والدَّمعُ البريءُ، والتفجُّع الوالِهُ.

74
لن تصل للكمال

لا تنشغل بالكمال فإنك لن تصل أبدا إليه

نرى في وسائل التواصل الاجتماعي من حولنا صورا لأناس تبدو حياتهم، صورتهم، وأجسامهم وبيوتهم مثالية،

وهذه الصورة ليست حقيقية، وأنت بكل تأكيد لا تحتاج إلى تحقيق المثالية لكي تشعر بالسعادة

إن اعتقدت ذلك فأنت تمني نفسك بالفشل.

ركز على عيش حياتك بكل مافيها من داخلك دون أن تحاول ظاهريا رسم حياتك لتبدو مثالية أمام الآخرين.

لا تنشغل بما يريده الآخرون منك، بل انشغل بما تريده لنفسك... حاول أن تربط رضاك الذاتي بالجهد الذي تبذله في أي أمر يهمك، سواء في البيت، أو العمل، أو مع الناس، ولا تربط رضاك بالنتيجة التي تنتهي إليها الأمور.

✷ ✷ ✷

> تفاءل واعمل للأفضل، فالاجتهاد والامتياز مطلوب، أما المثالية فهي معيقة، اجتهد دائما للإتقان أكثر من الانتصار.

75
لا تلتفت للوراء

قال تعالى ﴿ وَتَوَلَّ عَنْهُمْ ﴾

بعض الآلام والجراح لا تستحق منك أن تحتفظ بها في ذاكرتك، بل دع ما يزعجك يموت بقلة اهتمامك به

فمن اعتادَ جرحك فلا أمل في إصلاحه، فلا أحد يتغير ولا كواكب بخلاف الأرض تصلح للحياة؛ وكما يقال: أن تكون نباتيًا لا تأكل اللحم ليس كافيًا لإقناع الأسد الجائع ألا يفترسك وينقض عليك.

فكما لا يُمكنُ إرضاءَ الأسدِ الجائعِ بِعدمِ أكلِ اللحمِ، كذلك لا يُمكنُ إرضاءَ من اعتادَ إيذاءَكَ بِتغييرِ سلوكهِ ببساطةٍ.

الحلّ الأمثلُ هو الابتعادُ عن هذا الشخصِ الذي يُؤذيْكَ، والبحثُ عن علاقاتٍ إيجابيّةٍ تُغذي روحَكَ، وتُثري حياتَكَ.

فالحياةُ قصيرةٌ جدًّا، فلِا تُضيعَنها مع أشخاصٍ لا يُقدّرُونَ قيمتكَ ولا يحترمُونَ مشاعركَ.

❋❋❋

> إذا اعتزلت ما يؤذيك فامضِ ولا تلتفت؛ لأنَّ في التفاتك خسارة حتمية لمن لملمك عند تشتتك، وجمعك حين مزقتك أنياب الخائنين.

76
احرص على ما ينفعك

قال النبي صلى الله عليه وسلم ﴿ احرص على ما ينفعك ﴾

اجتهد حتى تحصل على ما تطلب، لا تتخاذل، ولا تتكاسل

عليك دائما أن تحرص كل الحرص في كسب ما ينفعك من الأقوال، والأعمال، والرزق الحلال

عليك دائما أن تجتهد في تحصيل المنفعة في يومك فتكون حريصا على طاعتك، وعلى رزقك الحلال، ونفع الناس، أحدُ الصحابةِ يسألُ الرسول مرافقَتَهُ في الجنةِ فيقول له الرسول: ((أعِنّي على نفسِك بكثْرةِ السجودِ، فإنَّك لا تسجُدُ للهِ سجدةً، إلاَّ رَفعَك بها درجة)). والآخرُ يسألُ عنْ بابٍ جامعٍ من الخيرِ، فيقولُ له: ((لا يزالُ لسانُك رطباً من ذكر اللهِ)). وثالثٌ يسألُ فيقولُ له: ((لا تسُبَّنَّ أحداً، ولا تضرِبنَّ بيدِك أحداً، وإنْ أحدٌ سبَّك بما يعلمُ فيك فلا تسُبَّنَّه بما تعلمُ فيه، ولا تحقِرنَّ من المعروفِ شيئاً، ولو أنْ تُفْرِغ منْ دَلْوِك في إناءِ المستقي)).

إنَّ الأمر يقتضي المبادَرَةَ والمُسارعة: ((بادِروا بالأعمالِ فتناً))، ((اغتنِمْ خمساً قبل خمسٍ))، ﴿وَسَارِعُواْ إِلَى مَغْفِرَةٍ مِّن رَّبِّكُمْ وَجَنَّةٍ ﴾، ﴿ إِنَّهُمْ كَانُوا يُسَارِعُونَ فِي الْخَيْرَاتِ﴾، ﴿ وَالسَّابِقُونَ السَّابِقُونَ ﴾.

فلتكن صاحب همة عالية ولا ترض بسفاسف الأمور

❋❋❋

> الحياةُ قصيرةٌ، فاستثمرْها فيما يُفيدُكَ ويُنفعُكَ.
> السعادةُ لا تأتي من دونِ سعيٍ وجهدٍ.
> كنْ مُتوكّلًا على اللهِ، فهو القادرُ على كلّ شيءٍ.

77
اعرف قدر نفسك

عليك أن تعرف قدر نفسك، وإمكانياتك، ومواهبك، وأن تبذل جهدك في الشيء الذي تحسنه، ولا تضيع وقتك فيما لا تحسن، فإن تضييع الوقت والجهد في الشيء الذي لا تحسنه يصيبك باليأس والإحباط، وإذا استثمرت وقتك وجهدك فى الشيء الذي تحسنه وتتقنه، فإنك سترى ثمرة جهدك أمام عينيك وسيكون ذلك سببًا لفرحك وسعادتك.

أحب الناس، واعرف قدرهم، واحترمهم، لكن لا تقدسهم، ولاتسمح لنفسك أن تكون عبدا لهم.

بل احترم وقدر نفسك أولا، واحترم رأيك أنت ثانيا، وأعلن عنه بوضوح، وتمسك به بشرط أن يكون مبنيا على الحقائق لا على الأوهام، وأن تزنه بميزان العدل والقسطاس المستقيم، اكسب قلوب الناس أجمعين، لكن ليس على حساب مبادئك، ولا على حساب كيانك، وكينونتك، كن واضحا صادقا في النصيحة وإن كانت مرة المذاق، ولكن ليشتمل قلبك على حب المنصوح له والخوف عليه

❋ ❋ ❋

أنتَ لستَ مسؤولًا عن إسعادِ الجميع.
لا تدعْ أحدًا يُقلّل من قيمتكَ أو يُعوقُ تقدَّمَكَ.
ثقْ بنفسِكَ وقدراتِكَ، وامضِ قُدمًا نحو تحقيقِ أهدافِكَ.
فالحياةُ قصيرةٌ، فاستثمرْها بِشكلٍ إيجابيٍّ يُحقّقُ لكَ السعادةَ والرضا.

78
جدد حياتك

إن التجديد في حياة المسلم شيء مطلوب حتى لا يمل ولا يفتر ولا تصيبه السآمة طالما أنه لا يفعل شيئًا يخالف الكتاب والسنة.

فيوزع وقته ما بين صلاة وقراءة قرآن وأذكار وطلب علم ودعوة إلى وصلة رحم ونزهة ليس فيها مخالفات شرعية وزيارة أخ حبيب واستقبال إنسان عزيز وتناول بعض المباحات وممارسة أي نوع من أنواع الرياضة التي لاتتعارض مع شريعتنا.. إلى غير ذلك حتى لا تمل النفس.

ولذلك نجد أن الله – عز وجل – وهو العالم بمكنونات النفوس

البشرية قد نوع حتى في العبادات: فهناك عبادات قلبية، وعملية، وقولية، ومالية..... هناك صلاة وصيام وزكاة وحج وجهاد... وحتى في العبادة الواحدة نرى فيها التنوع: فالصلاة فيها القيام والقراءة، والركوع، والسجود، والتسبيح.

والذكر فيه أنواع كثيرة، بل وتستطيع أن تذكر الله في كل أحوالك: قياما وقعودًا وعلى جنبك (والَّذِينَ يَذْكُرُونَ اللَّهَ قِيَامًا وَقُعُودًا وَعَلَى

جنوبهم) (١).

جدد حياتك كل يوم حتى لا تمل ولتصبح نشيطا في حياتك وفي عبادة ربك فتصل إلى الجنة من أقرب الطرق وأيسرها

❋ ❋ ❋

> التجديدُ لا يعني التخلّي عن الثوابتِ، بل يعني إضفاءَ تنوّعٍ على الحياةِ يُحافظُ على الحماسِ والنشاطِ.

79

يحبهم ويحبونه

ليس الشأن أن تُحب، ولكن الشأن أن تُحب.

قال تعالى: ﴿ يُحبهم وَيُحِبُّونَهُ ﴾

قال بعضهم: ليس العجب من قوله: يحبونه، ولكن العجب من قوله: يحبهم. هو الذي خلقهم ورزقهم وتولاهم وأعطاهم، ثم يحبهم. أخى الحبيب اعلم أن الله -سبحانه- غرس شجرة محبته ومعرفته وتوحيده في قلوب من اختارهم لربوبيته، واختصهم بنعمته، وفضلهم على سائر خليقته. فهي كَشَجَرَةٍ طَيِّبَةٍ (أَصلُهَا ثَابِت وَفَرْعُهَا فِي السَّمَاءِ تُؤْتِي أُكُلَهَا كُلَّ حِينٍ بِإِذْنِ رَبِّهَا)

فمن قرت عينه بالله -سبحانه- قرت به كل عين، وأنس به كل مستوحش، وطاب به كل خبيث، وفرح به كل حزين، وأمن به كل خائف، وشهد به كل غائب، وذكرت رؤيته بالله، ومن اشتاق إلى الله اشتاقت إليه جميع الأشياء».

وحب الله لعبد من عبيده أمر لا يقدر على إدراك قيمته إلا من يعرف الله -سبحانه- بصفاته كما وصف نفسه، وإلا من وجد إيقاع هذه

الصفات في حسه ونفسه وشعوره وكينونته كلها..

أجل لا يقدر حقيقة هذا العطاء إلا الذي يعرف حقيقة المعطى، هو صانع هذا الكون الهائل الذي يعرف من هو الله.

❊❊❊

> "يحبهم ويحبونه" يارب إنا نحبك، فامنن علينا بحُبّك...

80

(استعينوا على قضاء حوائجكم بالكتمان)

الكتمان لما يريد الإنسان فعله يمنحه دافعاً أكبر لإنجازه، فالمشاريعُ الكبيرةُ والطموحةُ قد تُواجهُ الاستهزاءَ وعدمَ التصديقِ من بعضِ الناسِ.

وذلكَ قد يُثبّطُ عزائمَكَ ويُعوقُ تقدّمَك، لذلك اِكتمْ خططَكَ وأهدافَكَ عنْ كلّ من قد يُعوقُ طموحاتِكَ. فكُلّما قلّ عددُ من يعرفُونَ عنْ مشاريعِكَ، كلّما زادَ تركيزُكَ ودافعُكَ على تحقيقِها.

1- تجنّبْ حكمَ الآخرينَ المسبقَ بالفشلِ: فكثير ما يُحبطُ بعضُ الناسِ من حولِكَ من مشاريعِكَ بِقولِهم: "هذا مستحيلٌ" أو "لن تنجحَ أبدًا."

2- لا تُصغِ لِهذهِ الأقوالِ السلبيةِ، بل ثِقْ بِنفسِكَ وبِقدراتِكَ. تذكرْ أنّ النجاحَ لا يأتي بسهولةٍ، بل يتطلّبُ جهدًا وعزيمةً وإيمانًا بِالقدرةِ على تحقيقِ الأهدافِ.

3- استشرْ الخبراءَ فقط: قد تُسعدُكَ النصائحُ الكثيرةُ من غيرِ المتخصصينَ، لكنْ تذكرْ أنّها قد لا تكونُ ذاتَ جدوى على أرضِ الواقعِ، لذلك، حدّدْ أهدافَكَ بوضوحٍ، ثمّ ابحثْ عنْ خبراءَ في المجالِ الذي تُريدُ الإنجازَ فيهِ.

4- حرّرْ نفسَكَ من الضغوطِ، فإفشاءُ ما تُريدُ القيامَ بهِ قد يُعرّضُكَ لِتعليقاتٍ سلبيةٍ من بعضِ الناسِ، ممّا قد يُشعِرُكَ بالخوفِ من الفشلِ. لذلك، حرّرْ نفسَكَ من هذهِ الضغوطِ، وامضِ قُدمًا في تحقيقِ أهدافِكَ بثقةٍ وعزيمةٍ.

5- تذكرْ أنّ الفشلَ هو جزءٌ من رحلةِ النجاحِ، ولا يعني نهايةَ المطافِ.

بل هو تجربةٌ تُعلّمكَ وتُقوّيكَ وتُساعدُكَ على تحقيقِ أهدافِكَ في النهايةِ.

> استعينوا بالكتمان..كي لا تصابوا بخيبات الأمل علناً..فهي أكثر إيلاماً.
> استعينوا بالكتمان.. لأن الطاقات تُهدَر في القول بدلاً من الفعل

81
أسباب انشراح الصدر

الأول: الاتصال بالله -عز وجل-، وعبادته، وطاعته، واللجوء إليه، وهي مسألة الإيمان الكبرى، "فاعبده واصطبر لعبادته".

الثاني: إغلاق ملف الماضي، بمآسيه ودموعه، وأحزانه ومصائبه، وآلامه وهمومه، والبدء بحياة جديدة مع يوم جديد.

الثالث: ترك المستقبل الغائب، وعدم الاشتغال به والانهماك فيه، وترك التوقعات والانتظارات والتوجسات، وإنما العيش في حدود اليوم فحسب.

قال علي: إياكم وطول الأمل، فإنه ينسي، "وظنوا أنهم إلينا لا يرجعون".

إياك وتصديق الأراجيف والشائعات، فإن الله قال عن أعدائه: "يحسبون كل صيحة عليهم".

وهناك أناس من سنوات عديدة، وهم ينتظرون أموراً ومصائب وحوادث وكوارث لم تقع، ولا يزالون يخوفون أنفسهم وغيرهم منها، فسبحان الله!! ما أنكد عيشهم!! ومثل هؤلاء كالسجين المعذب عند الصينيين، فإنهم يجعلونه تحت أنبوب يقطر على رأسه قطرة من الماء في الدقيقة الواحدة، فيبقى هذا السجين ينتظر كل قطرة ثم يصيبه الجنون، ويفقد عقله. وقد وصف الله أهل النار فقال: "لا يقضى عليهم فيموتوا ولا يخفف عنهم من عذابها"، "لا يموت فيها ولا يحيى"، "كلما نضجت جلودهم بدلناهم جلودا غيرها".

❊❊❊

> كيف يعيشُ من يحملُ هموم الماضي واليوم والمستقبل؟! كيف يرتاحُ من يتذكرُ ما صار وما جرى؟! فيعيدهُ على ذاكرتِهِ، ويتألمُ لهُ، وألمُه لا ينفعُه.

82
حاجة الإنسان إلى علاقة ثابتة مع الله

حاجة الإنسان إلى علاقة ثابتة يصمد إليها مع الله

الإنسان يحتاج في فطرته إلى علاقات مع الناس؛ دينية أو دنيوية، هذه العلاقات مع الناس قد تتغير بسبب ظلم - يُظلم الإنسان-، أو بسبب أمر قدري؛ أو ابتلاء أو معاص، لو كان كل اتكاء الإنسان على العلاقات البشرية فحينما تتبدل هذه العلاقات البشرية ينكشف ظهره، ويتعرى الإنسان بدون علاقة قوية ثابتة صامدة يلجأ إليها؛ علاقته مع الله -سبحانه وتعالى-.. غياب هذه العلاقة في الأزمات قد يصل بالإنسان إلى الانتحار، والاكتئاب، والحزن، والوهن، والضعف؛ لا يستطيع أن يسير في الحياة.

لا يمكن أن تستثمر في علاقات في حياتك، وعلاقتك الرئيسية بالله فيها ضعف، وهذا ليس دعوة للانعزالية، بل عليك ألا تنسى وأنت تتواصل اجتماعيًا ومشغول بالخلافات والمناقشات علاقتك بالله.

سورة يوسف: حالة من الظلم

سيدنا يوسف: حافظ على علاقته بالله والدعوة إليه في كل الأزمات، حتى في السجن، وفي وقت الفتنة، فلما انتهت السورة كان يناجي ربه! السورة مليئة

بالناس والملك وامرأة العزيز وإخوته، وناس تأتي وتجارة- ثم كل هذه الأشخاص والأحداث لم تؤثر في مناجاته لربه في آخر السورة ﴿رَبِّ قَدْ آتَيْتَنِي مِنَ الْمُلْكِ وَعَلَّمْتَنِي مِن تَأْوِيلِ الْأَحَادِيثِ أ فَاطِرَ السَّمَاوَاتِ وَالْأَرْضِ أَنتَ وَلِيِّي فِي الدُّنْيَا وَالْآخِرَةِ [يوسف: ١٠١].

غزوة أحد: هزيمة

في غزوة أحد، تجد كيف تربط الآيات الأحداث بالله، وأن ما حدث ليس مجرد انتصار للكفار بالصدفة، لا، هذا بتقدير من الله صَرَفَكُمْ عَنْهُمْ [آل عمران: ١٥٢]

نزع (الله) من معادلة الحياة مؤلم، كيف ستعيش؟! أنت محتاج إلى الله سبحانه وتعالى.

❋ ❋ ❋

> - قلل من وسائل التواصل.
> - اعط وقتًا لعلاقتك بالله، وذلك بمعايشة أسماء الله الحسنى، والمعايشة الطويلة لسور من كتاب الله.
> - عليك بالاستخارة وقيام الليل، والذكر.

83
كن أنت

لماذا لا يتبع الناس طبيعتهم التي خلقهم الله بها؟ لماذا يحاولون أن يكونوا مثل الآخرين؟ فالنخل لا يتحول إلى عنب، والثمار لا تتشابه في طعمها، أو لونها. أسهل شيء على المقلد هو أن يخفي شخصيته أمام من يحاولون تقليده. إذا أبدوا رأيًا فهو يؤيده، وإذا طلبوا مشورة فإنه يحاول أن يقترب من هواهم.

كان يتعامل أصحاب محمد -صلى الله عليه وسلم-و هو المثل الأعلى للأخلاق!!
عندما استشار أصحابه في معركة بدر، كل واحد منهم أعطى رأيه كما يراه. أبو بكر الصديق يفضل الصفح، وعمر بن الخطاب يرى العقوبة.

فقد عقب رسول الله -صلى الله عليه وسلم- على مشورة صاحبيه بأن شبه هذا بإبراهيم الذي قال لقومه: "فمن تبعني فإنه مني ومن عصاني فإنك غفور رحيم"، وبنوح الذي قال: "رب لا تذر على الأرض من الكافرين ديارًا، إنك إن تذرهم يضلوا عبادك ولا يلدوا إلا فاجرًا كفارًا". يظهر أن كلًا من الصحابيين يبحث عن الحق كما يهديه إليه تفكيره ومزاجه الخاص في علاج الأمور.

هذا المسلك الحر المنزه عن التقليد الأعمى هو الإسلام. ولكن للأسف، قد يفضل القادة الذين يسمحون لمن يتشبه بهم بدلاً من أصحاب الطبائع الحرة، حتى وإن كانوا أكثر فعالية وإنتاجية.

أنت شيءٌ آخرُ لم يسبق لك في التاريخِ مثيلٌ ولن يأتي مثُلك في الدنيا شبيه.

أنت مختلف تماماً عن زيد وعمرو فلا تحشرْ نفسك في سرداب التقليد والمحاكاة والذوبان.

انطلق على هيئتك وسجيَّتك ﴿ قَدْ عَلِمَ كُلُّ أُنَاسٍ مَّشْرَبَهُمْ ﴾، ﴿ وَلِكُلٍّ وِجْهَةٌ هُوَ مُوَلِّيهَا فَاسْتَبِقُواْ الْخَيْرَاتِ ﴾ عشْ كما خلقت لا تغير صوتك، لا تبدل نبرتك، لا تخالف مشيتك، هذب نفسك بالوحي، ولكن لا تلغِ وجودك وتقتل استقلالك.

أنت لك طعم خاص، ولون خاص، ونريدك أنت بلونك هذا وطعمك هذا ؛ لأنك خلقت هكذا وعرفناك هكذا ((لا يكن أحدكم إمَّعة)).

❋❋❋

> النـاسُ مواهبُ وقدراتٌ وطاقاتٌ وصنعاتٌ، ومن عظمةِ رسولِنا أنه وظَّف أصحابه حسب قُدراتِهمْ واستعداداتِهم، فعليٌّ للقضاءِ، ومعاذٌ للعِلْمِ، وأُبيٌّ للقرآنِ، وزيدٌ للفرائضِ، وخالد للجهادِ، وحسَّانُ للشعِرِ، وقيسُ بنُ ثابتٍ للخطابةِ.

84

اقبل النقد البناء

جميعنا يحب المدح، ولوكان باطلا، ويكره الذم، ولوكان حقا، وهذا خطأ عظيم ﴿ وَإِذَا دُعُوا إِلَى اللَّهِ وَرَسُولِهِ لِيَحْكُمَ بَيْنَهُمْ إِذَا فَرِيقٌ مِّنْهُم مُّعْرِضُونَ{48} وَإِن يَكُن لَّهُمُ الْحَقُّ يَأْتُوا إِلَيْهِ مُذْعِنِينَ ﴾.

يقولُ وليمُ جايمس: ((عندما يتمُّ التوصلُّ إلى قرارٍ يُنفَّذُ في نفسِ اليومِ، فإنك ستتخلَّص كليّاً من الهمومِ التي ستسيطرُ عليك فيما أنت تفكرُ بنتائجِ المشكلةِ، وهو يعني أنك إذا اتخذت قراراً حكيماً يركزُ على الوقائعِ فامضِ في تنفيذِهِ، ولا تتوقَّف متردِّداً، أو قلِقاً، أو تتراجعُ في خطواتِك، ولا تضيِّعْ نفسك بالشكوكِ التي لا تلدُ إلا الشكوك، ولا تستمرَّ في النظرِ إلى ما وراءِ ظهرك)).

واشد في ذلك بقولك:

إن الشجاعة في اتخاذِ القرارِ إنقاذ لك من القلقِ والاضطرابِ.

﴿ فَإِذَا عَزَمَ الْأَمْرُ فَلَوْ صَدَقُوا اللَّهَ لَكَانَ خَيْراً لَّهُمْ ﴾.

❋ ❋ ❋

> إن علينا أن نعتقد أننا نقوم بعمل اجتهادي، قد يتبين أنه صواب، وقد يتبين أنه خطأ. وإن كثيرًا من الذين ينفرون من النقد لا ينظرون إلى هذا المعنى، ولا يهتمون به، ولو أنهم أدركوه بعمق لرحبوا بالنقد بوصفه كرة أخرى على صعيد الاستدراك على قصور سابق.

85
حياة الصحابة

تعال إلى يومٍ من أيام أحد الصحابة الأخيار، وعظمائهم الأبرار، عليّ بن أبي طالب مع ابنة رسول الله، مع فلذة كبده، فصحا عليّ في الصباح الباكر، فيبحث هو وفاطمة عن شيء من طعام فلا يجدان، فيرتدي فروًا على جسمه من شدة البرد ويخرج، ويتلمس ويذهب في أطراف المدينة، ويتذكر يهودياً عنده مزرعة، فيقتحم عليّ عليه باب المزرعة الضيق الصغير ويدخل، ويقول اليهودي: يا أعرابي، تعال وأخرج كل غرب بتمرة. والغرب: هو الدلو الكبير وإخراجه: أي إظهاره من البئر معاونةً مع الجمل. فيشتغل عليّ معه برهة من الزمن حتى تتورم يداه ويكل جسمه، فيعطيه بعدد الغروب تمرات، ويذهب بها ويمر برسول الله ويعطيه منها، ويبقى هو وفاطمة يأكلان من هذا التمر القليل طيلة النهار.

هذه هي حياتهما، لكنهما يشعران أن بيتهما قد امتلأ سعادة، وحبوراً، ونوراً وسروراً.

إن قلوبهم تعيش المبادئ الحقة التي بعث بها الرسول، والمثل السامية، فهم في أعمال قلبية، وفي روحانية قدسية يبصران بها الحق وينصران بها الباطل، فيعملان لذاك ويجتنبان هذا، ويدركان قيمة الشيء، وحقيقة الأمر، وسر المسألة.

أين سعادة قارون، وسرور وفرح وسكينة هامان؟! فالأول مدفون، والثاني ملعون. "كمثل غيث أعجب الكفار نباته ثم يهيج فتراه مصفراً ثم يكون حطاماً".

السعادة عند بلال وسلمان وعمار، لأن بلال أذن للحق، وسلمان آخى على الصدق، وعماراً وفى الميثاق. "أولئك الذين نتقبل عنهم أحسن ما عملوا ونتجاوز عن سيئاتهم في أصحاب الجنة وعد الصدق الذي كانوا يوعدون".

إذا عرفت الله وسبَّحْته وعبدْتَهُ وتألَّهْتهُ وأنت في كوخٍ وجدت الخَيْرَ والسعادةَ والراحة والهدوء.

ولكنْ عند الانحرافِ، فلوْ سكنت أرقى القصورِ، وأوسع الدورِ، وعندك كلُّ ما تشتهي، فاعلمْ أنَّها نهايتُك المُرَّةُ، وتعاستُك المحققةُ ؛ لأنك ما ملكت إلى الآن مفتاح السعادةِ.

﴿ وَآتَيْنَاهُ مِنَ الْكُنُوزِ مَا إِنَّ مَفَاتِحَهُ لَتَنُوءُ بِالْعُصْبَةِ أُولِي الْقُوَّةِ ﴾.

86

رفقًا بالقلوب من التعلق بالأسباب والانشغالات

حفظ القلوب من الكسر على مستوى الأسباب الدنيوية، والانشغالات والهموم، قلب الإنسان قلب ضعيف، خُلق هذا القلب ليتعلق بالله -سبحانه وتعالى-، هذا القلب بدون تعلق بقوة أكبر منه وبإله عظيم يُكسر؛ فالقلب يحتاج إلى أن يمارس العبودية..

حينما يُحرم القلب من التعلق بالله يبحث القلب عن أي تعلق آخر، هو قلب، هو ضعيف، هو يتقلب، هو مفتقر، القلب هنا يُكسر لأنه يظل يبحث عن تعلق بالأسباب، عن تعلق بالمادة، عن تعلق بالناس، وفي كل مرة يُكسر، لذلك قال الله - سبحانه وتعالى - ؛فدلك على الحل قال: ﴿وَتَوَكَّلْ عَلَى ٱلْحَىِّ ٱلَّذِى لَا يَمُوتُ﴾

فلو توكلت على الذي يموت ستصدم في كل مرة ﴿وَتَوَكَّلْ عَلَى ٱلْحَىِّ ٱلَّذِى لَا يَمُوتُ﴾ سبحانه وتعالى. حينما تتعلق بالإله لابد أن يكون هذا الإله حيًا، سبحانه وتعالى ذكر ذلك في قوله: ﴿ٱللَّهُ لَا إِلَٰهَ إِلَّا هُوَ ٱلْحَىُّ ٱلْقَيُّومُ لَا تَأْخُذُهُۥ سِنَةٌ وَلَا نَوْمٌ﴾، لذلك قال إبراهيم -عليه السلام-: ﴿لَآ أُحِبُّ ٱلْـَٔافِلِينَ﴾ هذا الذي يأفل ويغيب كيف يكون إلهًا؟! كيف يكون هذا إلهًا وهو يغيب عني؟! كيف أتعلق به؟!

***

((كَبد الدنيا لا يستطيع الإنسان أن يواجهه بدون تضرع لله، وبدون قرآن يُعيد ضبط هذا القلب))

87
تأمل كتاب ربك ليهدأ قلبك

على مدار اليوم يتلوث القلب، ويكتسب الأدران من خلطته بالناس طوال اليوم، مشاكل ونقاشات وفصال ومال، وتعلقات مع الدنيا، وماذا سيحصل في الاقتصاد العالمي، والأزمات، والفتن والابتلاءات... طوال اليوم يظل القلب يتعلق يتعلق يتعلق .

تخيل طوال اليوم تظل تقرأ وتتابع أخبار حرب غزة، روسيا وأوكرانيا، الجفاف العالمي، والأزمات الاقتصادية، ولم يعد هناك وظائف... وتقلبات سياسية، ثم تقرأ القرآن: ﴿لَّهُۥ مَقَالِيدُ ٱلسَّمَٰوَٰتِ وَٱلۡأَرۡضِ﴾، بيده الخير سبحانه وتعالى، ﴿مَٰلِكَ ٱلۡمُلۡكِ تُؤۡتِى ٱلۡمُلۡكَ مَن تَشَآءُ وَتَنزِعُ ٱلۡمُلۡكَ مِمَّن تَشَآءُ﴾] ما هذا؟! أنا طوال اليوم قلبي مشتت! ثم فوجئت أن القرآن يجمع علي قلبي مرة أخرى، وأن الخيوط كلها بيد الله -سبحانه وتعالى-..

تخيل وأنت تتابع الأخبار السياسية العالمية، ثم تقرأ سورة الروم: ﴿غُلِبَتِ ٱلرُّومُ * فِىٓ أَدۡنَى ٱلۡأَرۡضِ وَهُم مِّنۢ بَعۡدِ غَلَبِهِمۡ سَيَغۡلِبُونَ * فِى بِضۡعِ سِنِينَ لِلَّهِ ٱلۡأَمۡرُ مِن قَبۡلُ وَمِنۢ بَعۡد﴾

هذا تعقيب على أحداث عالمية سياسية تحدث في عهد النبي -صلى الله عليه وسلم-، الحرب بين أكبر قوتين في عهد النبي -صلى الله عليه وسلم-؛ فارس والروم. ما هو التعقيب؟ ﴿لِلَّهِ ٱلۡأَمۡرُ مِن قَبۡلُ وَمِنۢ بَعۡدُ﴾ هذا هو التعقيب الذي تخرج به، التعقيب القرآني، وليس التعقيب الذي سأسمعه في الأخبار، ستسمع الأخبار ولن يقولوا: ﴿لِلَّهِ ٱلۡأَمۡرُ مِن قَبۡلُ وَمِنۢ بَعۡدُ﴾.

فعندما تأتي في آخر اليوم تقف في خلوة مع الله -سبحانه وتعالى- في قيام الليل، وتقرأ القرآن، وتتضرع إلى الله -سبحانه وتعالى-، أنت هنا ترفق بقلبك، هذا أحد أهم وسائل الرفق بالقلب، قيام الليل، هذا ((مطردة للداء)) كما أخبر -صلى الله عليه وسلم-، مطردة للداء عن الجسد، وأيضًا مطردة للداء عن القلب المتمزق.

❋ ❋ ❋

> قف بين يدي مولاك وتأمل آياته فهذه أحد أهم وسائل الرفق بالقلب
> قيام الليل مطردة للداء عن الجسد والقلب

88
رفقًا بالقلوب في التعلقات الدنيوية.

لا تعرض نفسك لطموحات، فمثلًا كلما مر عليك إعلان عن أمور دنيوية تشاهده، وتشاهد الفِلل التي أصبحت بكم، وتَتابع تفاصيل التفاصيل، وتحفظ أنواع وتفاصيل السيارات، والهواتف النقالة الجديدة، تتابع كل هذا، لماذا تفعل ذلك؟!
رفقًا بقلبك، ماذا تستفيد عند فعل هذا؟! قال الله تعالى: ﴿فَجَعَلۡنَٰهُ سَمِيعَۢا بَصِيرًا﴾ فإن المُدخلات؛ مُدخلات السمع والبصر تؤثر في القلب، وتؤثر في الابتلاء ﴿إِنَّا خَلَقۡنَا ٱلۡإِنسَٰنَ مِن نُّطۡفَةٍ أَمۡشَاجٖ نَّبۡتَلِيهِ﴾ هذا الابتلاء ﴿فَجَعَلۡنَٰهُ سَمِيعَۢا بَصِيرًا﴾؛ فأنت المفروض أن تعرض السمع والبصر لما يُساعدك على مقاومة هذا الابتلاء، وليس على ما يُضعفك .
إذًا أول شيء على مستوى الأسباب والانشغالات القلب ضعيف، القلب لا يستطيع أن يكون إلهًا، هو عبد، اعرف وظيفتك، لا تنشَغل بوظيفة أكبر منك، فأحيانًا تجد شخصًا يجلس في البيت، أو أُم مشغولة بأولادها، وهي لا تملك أن...، ماذا ستفعل؟ تفكر: وماذا بعد؟ والولد، والمستقبل؟ هي الآن تستثير مشاعر سوداء في قلبها، لن تستفيد منها شيئًا على أرض الواقع. هناك من يجلس يندب حظه وفقط، لا يفعل أي شيء، فلن يترتب على ندبه كلام عملي، هناك أثر عن بعض الصحابة عندما كانوا يتقابلون، يقولون: "هيا بنا نؤمن ساعة" تعالوا لنتذكر الجنة، وهناك أناس عندما تتقابل يكون لسان حالهم: "هيا بنا نسَودها ساعة"
فالمطلوب أن تعايش هذا العالم وقلبك معلق بالآخرة وبها فيه حياته.

❃ ❃ ❃

> علق قلبلك بالله، وارفق به من التعلق بالأمور الدنيوية والمدخلات.

89

﴿لَّا يَسۡتَوِي ٱلۡخَبِيثُ وَٱلطَّيِّبُ وَلَوۡ أَعۡجَبَكَ﴾

يُحذِّرُنا اللهُ تعالى في كتابِهِ الكريمِ من خطورةِ انجذابِ النفسِ إلى ما يُعجبُها، حتى لو كانَ خبيثا، فكمْ من إنسانٍ أعجبَهُ مالٌ حرامٌ!! أو منصبٌ فاسدٌ!! أو صديقٌ سيّءُ الأخلاقِ!! أو زوجةٌ غيرُ صالحةٍ!! فوقعَ في شركِ الخطيئةِ والندم.

ويُبيِّنُ اللهُ تعالى لنا حقيقةَ هذهِ الفتنةِ بقولِهِ: (وَلَوْ أَعْجَبَكَ كَثْرَةُ الْخَبِيثِ) فلا تغتر بكثرةِ المالِ الحرامِ، أو المناصبِ الفاسدةِ، أو الأتباعِ الضالّينَ، فكلّ ذلكَ خبيثٌ لا يُؤدّي إلا إلى الهلاكِ. فقد تعجب نفس إنسان بشيء معين ويكون هذا الشيء خبيثا؛ قد يعجب بامرأة، أو يعجب بزوج لابنته يريد أن يزوج هذا الرجل لابنته، يعجب بوظيفة معينة من المال، يعجب بصديق له يريد أن يصادقه وأن يكون صديقًا له، يعجب بأي شيء، بنوع من المال، بأي شيء ويكون هذا الشيء خبيثا، كمكسب الربا مثلًا، هو خبيث، مهما كان كثيرًا عند الناس سيظل هذا المكسب خبيثًا عند الله -عز وجل-.

إذًا حينما تقيّم شيئًا فلا تقيّمه بالكثرة، لا تقل هذه المجموعة أكثر، أو هذا العدد أكثر، أو معه مال أكثر، أو المستمعون له أكثر، أو المشاهدون له أكثر، هذا المعيار "الأكثر" ليس معيارًا حقيقيًا ثابتًا، المعيار الأساسي هو القيمة الحقيقية للشيء، بما أمرنا الله -عز وجل- أن نقيم الأشياء، قال الله -عز وجل- أيضًا في سورة البقرة: ﴿ وَلَا تُنكِحُوا ٱلۡمُشۡرِكِينَ حَتَّىٰ يُؤۡمِنُوا وَلَعَبۡدٌ مُّؤۡمِنٌ خَيۡرٌ مِّن مُّشۡرِكٍ وَلَوۡ أَعۡجَبَكُمۡ﴾ أيضًا نفس التعبير: ﴿وَلَوۡ أَعۡجَبَكُمۡ﴾[البقرة ٢٢١]

-لاحظ معي- أنه يجب عيلنا أن نقدم المعايير الأخروية على المعايير الدنيوية، أي نحن نفكر في آخرتنا أولًا، لذلك قال الله في آخر الآية: ﴿ أُولَٰٓئِكَ يَدۡعُونَ إِلَى ٱلنَّارِ وَٱللَّهُ يَدۡعُوٓاْ إِلَى ٱلۡجَنَّةِ وَٱلۡمَغۡفِرَةِ بِإِذۡنِهِۦ ﴾[البقرة ٢٢١] إذًا لابد أنك تقيم الشيء أولًا هل هو حرام أم حلال؟ القيمة الشرعية لهذا الشيء، ما الذي سينتج عنه هذا الشيء؟
الإنسان في الحياة تعرض عليه أشياء كثيرة، تعرض عليه وظائف، تعرض عليه زوجة، يعرض عليه أصدقاء، يعرض عليه أمور مادية يشتريها، لابد للإنسان أن يقيم الأشياء بالمقياس الشرعي، لا يغتر بكثرة الأشياء.

❋❋❋

"لا بد أن يعود الإنسان إلى المعايير الشرعية، ولا يتعجل، ليس معنى أن شيئا أعجبه أنه يقفز إليه مباشرة، ويتحرك إليه مباشرة، ويحتج بالكثرة ؛ هذه ليست حجة على صحة الشيء"

90
﴿وَأَصْلِحُوا ذَاتَ بَيْنِكُمْ﴾

أي أن الأحوال بيننا، والعلاقات بيننا لو تُركت بدون إصلاح، أو بدون فسادٍ سوف تفسد، لا بد أن يسعى الإنسان بصورة تلقائية، وبصورة مستمرة إلى إصلاح العلاقات.

فالنبي ﷺ قال: (ألا أخبركم بأفضل من درجة الصلاة والصيام والصدقة) ماذا؟! أفضل من الصلاة والصيام والصدقة؟! (قالوا: بلى يا رسول الله، قال: إصلاح ذات البين). تخيل!

فقال ﷺ: (وفساد ذات البين هي الحالقة). وفساد ذات البين؛ هو أن تسوء العلاقات بيننا، أن تنكسر وتضعف الروابط بيننا: علاقات العائلة الواحدة، الإخوة في الإسلام، أو الناس في المسجد، أو في الحي، أو في القبيلة؛ فساد هذه العلاقات، واضطراب هذه العلاقات وتكسيرها يؤدي إلى ما أخبر به النبي ﷺ؛ (هي الحالقة)، فما معنى الحالقة؟

في رواية قال ﷺ:(لا أقول إنها تحلق الشعر ولكن تحلق الدين).

قد تكون معصية واحدة، مثلًا: شخص ما يسير في الشارع، فلم يغض بصره مرة واحدة، هذه معصية تُكتب عليه معصية واحدة، لكن أحيانًا هناك معصية تؤدي إلى سلسلة متراكمة من المعاصي المتتالية؛ فعندما تفسد العلاقات ينتشر سوء الظن، وعندما ينتشر سوء الظن؛ تنتشر الغيبة، وتنتشر النميمة، وينتشر الفساد الذي يؤدي إلى النزاع، والاقتتال والتشاجر وأكل الحقوق، وعدم الاعتراف بالحقوق.

تجد أن سلسلة متراكمة ومتراكبة من الأخطاء التي قد تصل إلى حد الكبائر، كما عدَّ كثيرٌ من أهل العلم أن الغيبة من الكبائر، انظر كيف تتطور الأمور؟! ثم يأكل الإنسان حقَّ أخيه، ولا يعترف له بالحق لأن بينهما مشاكل، فيقول: لا يمكن أن أعترف له بالحق، لا يمكن أن أردَّ له ماله إلا عندما يعتذر، -رغم أنه من حقه-.

لا بد أن نسعى إلى إصلاح العلاقات بيننا، وأن نُصلح ذات بيننا، وأن نُصلح الأحوال بيننا، لا نتركها حتى تيبس، لا نتركها حتى تشتعل، لا نتركها حتى تموت.

❋❋❋

> إذاً لا تتركوا العلاقات بينكم حتى تيبس، لا تتركوا العلاقات بينكم حتى تشتعل، لا تتركوا العلاقات بينكم حتى تموت

91
من أسباب طمأنينة القلب

- الإيمان بالله ورضاه: من آمن بالله حق الإيمان وعرفه بأسمائه الحسنى وصفاته العلى، يعرف ربًا كريمًا وإلهًا عظيمًا، رحيمًا بالعباد، لطيفًا بالخلق، قريبًا ممن دعاه، مجيبًا للسائلين، عليمًا بالخفايا. وقال النبي -صلى الله عليه وسلم-: "ذاق طعم الإيمان من رضي بالله ربا وبالإسلام دينا وبمحمد نبيا".

- تفويض الأمر لله: العبد يجب أن يثق ويفوض أموره لله، ويقنع بأن اختيارات الله له أفضل من اختياراته الخاصة.

- حسن الصلة بالله: الصلاة ملجأ للمتقين، وملاذ المؤمنين، فبها يثبتون عند الابتلاء، ويطمئنون عند الضيقات.

- استشعار قرب الفرج: الحكمة تقول إن الحالات الصعبة لن تدوم، وإن الإنسان يتأرجح بين الضراء والسراء، لذا ينبغي للعاقل أن يأمل في الفرج والتحول للأفضل.

- ذكر الله وتلاوة القرآن: تقول الآية الكريمة "أَلَا بِذِكْرِ اللَّهِ تَطْمَئِنُّ الْقُلُوبُ"، فتكشف هذه الآية الحقيقة العظيمة بوضوح، حيث يجد أصحاب الذكر المستمر راحة وطمأنينة لا يشعر بها إلا من ذاقها.

- أداء الحقوق والواجبات: لهذا السبب له أثر كبير في نزول السكينة والطمأنينة على أصحاب القلوب السوية.

- الإيمان والعمل الصالح هما سر حياتك الطيبة، فاحرص عليهما.

- اطلب العلم والمعرفة، وعليك بالقراءة؛ فإنها تزيل الهم.

- جدد التوبة واهجر المعاصي؛ لأنها تنغص عليك الحياة.
- قراءة القرآن متدبرًا، وأكثر من ذكر الله دائمًا.
- أحسن إلى الناس بأنواع الإحسان؛ ينشرح صدرك.
- كن شجاعًا لا وجلاً خائفًا؛ فالشجاعة منشرح الصدر.
- طهر قلبك من الحسد والحقد والدغل والغش وكل مرض.
- اترك فضول النظر والكلام والاستماع، والمخالطة، والأكل والنوم.
- انهمك في عمل مثمر تنسَ همومك وأحزانك.
- عش في حدود يومك وانس الماضي والمستقبل.
- انظر إلى من هو دونك في الصورة والرزق والعافية ونحوها.
- قدِّر أسوأ الاحتمال ثم تعامل معه لو وقع.
- لا تطاوع ذهنك في الذهاب وراء الخيالات المخيفة والأفكار السيئة.
- لا تغضب، واصبر واكظم واحلم وسامح؛ فالعمر قصير.
- لا تتوقع زوال النعم وحلول النقم، بل على الله توكل.
- أعطِ المشكلة حجمها الطبيعي ولا تضخم الحوادث.
- تخلص من عقدة المؤامرة وانتظار المكاره.
- بسِّط الحياة واهجر الترف؛ ففضول العيش شغل، ورفاهية الجسم عذاب للروح.
- قارن بين النعم التي عندك والمصائب التي حلت بك لتجد الأرباح أعظم من الخسائر.
- الأقوال السيئة التي قيلت فيك لن تضرك، بل تضر صاحبها، فلا تفكر فيها.
- صحح تفكيرك، ففكر في النعم والنجاح والفضيلة.

- لا تنتظر شكرًا من أحد، فليس لك عليهم حق، وافعل الإحسان لوجه الله فقط.
- حدد مشروعًا نافعًا لك، وتفكر فيه، واشتغل به لتنسى همومك.
- احسم عملك في الحال ولا تؤجل عمل اليوم إلى الغد.
- تعلم العمل النافع الذي يناسبك، واعمل العمل المفيد الذي تشعر بالراحة فيه.
- فكر في نعم الله عليك، وتحدث عنها واشكر الله عليها.
- اقنع بما آتاك الله من صحة، ومال، وأهل، وعمل.
- تعامل مع القريب والبعيد برؤية إيجابية وتجاهل المساوئ.
- تجاهل الزلات والشائعات وعدم التورط في أخبار الناس.
- اهتم بالمشي وممارسة الرياضة وصحتك العامة؛ فالعقل السليم في الجسم السليم.
- ادع الله دائمًا بالعفو والعافية وحسن الحال والسلام
- انس الماضي بما فيه، فالاهتمام بالماضي حمق وجنون.
- لا تشتغل بالمستقبل، فهو في عالم الغيب، ودع التفكر فيه حتى يأتي.
- لا تهتز من النقد، واثبت، واعلم أن النقد يساوي قيمتك.
- الإيمان بالله والعمل الصالح هو الحياة الطيبة السعيدة.
- من أراد الاطمئنان والهدوء والراحة فعليه بذكر الله تعالى.
- على العبد أن يعلم أن كل شيء بقضاء وقدر.
- لا تنتظر شكراً من أحد.
- وطن نفسك على تلقي أسوأ الفروض.
- لعل فيما حصل خيراً لك.

- كل قضاء للمسلم خير له.
- فكر في النعم واشكر.
- أنت بما عندك فوق كثير من الناس.
- من ساعة إلى ساعة فرج.
- بالبلاء يستخرج الدعاء.
- المصائب مراهم للبصائر، وقوة للقلب.
- إن مع العسر يسرا.
- لا تقض عليك التوافه.
- إن ربك واسع المغفرة.
- لا تغضب، لا تغضب، لا تغضب.
- الحياة خبز وماء وظل، فلا تكترث بغير ذلك.
- "وفي السماء رزقكم وما توعدون."
- أكثر ما يخاف لا يكون.
- لك في المصابين أسوة.
- إن الله إذا أحب قوما ابتلاهم.
- كرر أدعية الكرب.
- عليك بالعمل الجاد المثمر، واهجر الفراغ.
- اترك الأراجيف، ولا تصدق الشائعات.
- حقدك وحرصك على الانتقام يضر بصحتك أكثر مما يضر الخصم.
- كل ما يصيبك فهو كفارة للذنوب.

✱ ✱ ✱

92

يا الله

إذا ضلَّ الحادي في الصحراءِ، ومال الركبُ عن الطريقِ، وحارتِ القافلةُ في السيرِ، نادوا: يا الله.

إذا وقعت المصيبةُ، وحلّتِ النكبةُ وجثمتِ الكارثةُ، نادى المصابُ المنكوبُ: يا الله.

إذا أُوصدتِ الأبوابُ أمام الطالبين، وأُسدِلتِ الستورُ في وجوهِ السائلين، صاحوا: يا الله.

إذا بارتِ الحيلُ، وضاقتِ السُّبُلُ، وانتهتِ الآمالُ، وتقطَّعتِ الحبالُ، نادوا: يا الله.

إذا ضاقتْ عليك الأرضُ بما رحُبتْ، وضاقتْ عليك نفسُك بما حملتْ، فاهتفْ: يا الله.

باسمهِ تشدو الألسنُ، وتستغيثُ، وتلهجُ، وتنادي،وبذكرهِ تطمئنُّ القلوبُ، وتسكنُ الأرواحُ، وتهدأُ المشاعر، وتبردُ الأعصابُ، ويثوبُ الرُّشْدُ، ويستقرُّ اليقينُ، ﴿اللَّهُ لَطِيفٌ بِعِبَادِهِ﴾

الله: أحسنُ الأسماءِ وأجملُ الحروفِ، وأصدقُ العباراتِ، وأثمنُ الكلماتِ، ﴿هَلْ تَعْلَمُ لَهُ سَمِيّاً﴾؟!.

اللهُ: فإذا الغنى والبقاءُ، والقوةُ والنُّصرةُ، والعزُّ والقدرةُ والحِكْمَةُ، ﴿لِّمَنِ الْمُلْكُ الْيَوْمَ لِلَّهِ الْوَاحِدِ الْقَهَّارِ﴾.

الله: فإذا اللطفُ والعنايةُ، والغوْثُ والمددُ، والوُدُّ والإحسان، ﴿وَمَا بِكُم مِّن نِّعْمَةٍ فَمِنَ اللّهِ﴾.

الله: ذو الجلالِ والعظمةِ، والهيبةِ والجبروتِ.

اللّٰهم فاجعلْ مكان اللوعة سلْوة، وجزاء الحزنِ سروراً، وعند الخوفِ أمنْاً. اللّٰهم أذهبْ عنَّا الحزن، وأزلْ عنا الهمَّ، واطردْ من نفوسنِا القلق.

نعوذُ بك من الخوْفِ إلا منْك، والركونِ إلا إليك، والتوكلِ إلا عليك، والسؤالِ إلا منك، والاستعانِة إلا بك، أنت وليُّنا، نعم المولى ونعم النصير.

❋ ❋ ❋

خاتمة

وفي ختام هذا الكتاب، نرفع أيدينا إلى الله العلي القدير، نسأله أن يُلهمنا القوة والصبر لنتغلب على الحزن، ونستعيد طمأنينة قلوبنا. اللّهم، اجعل هذا الكتاب شاهدًا لنا لا علينا، واجعله عونًا لنا في تخطي كل الصعاب.

ندعو الله أن تحمل كلماتنا في هذا الكتاب رسالة خير وهداية لكل من يقرأها، وأن تكون لها أثرًا إيجابيًا في حياتهم. اللّهم، اجعل هذا الكتاب نورًا ينير دروب من يبحثون عن السلام والسعادة.

نتضرع إليك يا الله بأن تحفظ قلوبنا من الحزن والهم، وتملأها بالإيمان والأمل. اللّهم، ألهمنا القوة لنتخطى كل الصعوبات والمحن، وارزقنا السعادة والرضا في كل لحظة من حياتنا.

وأخيرًا، نرفع أكف الدعاء إلى الله، نسأله أن يجعل حياتنا مليئة بالبركة والرضا، وأن يجعلنا ممن يدخلون جناته وينعمون بنعيمه في الدنيا والآخرة. آمين.

سبحان ربك ربِّ العزةِ عما يصفون، وسلامٌ على المرسلين، والحمدُ للهِ ربِّ العالمين.

❋ ❋ ❋

الفهرس

مقدمة	5
1 تفكر في نعم الله واشكره عليها	9
2 لا تكن فارغًا	11
3 قضاء وقدر	13
4 لطف خفي	15
5 هلا دعوته	17
6 وما من دابة إلا على الله رزقها	19
7 انتق من تناجي	21
8 حسبنا الله ونعم الوكيل	23
9 لا تيأس من روح الله	25
10 الثبات من الله	27
11 مَا عِندَكُمْ يَنفَدُ وَمَا عِندَ اللَّهِ بَاقٍ	29
12 حسن الظن بالله	30
13 إِنَّ اللَّهَ يَغْفِرُ الذُّنُوبَ جَمِيعًا	33
14 لحظة اليأس هي لحظة الفرج	35

15	تفاءل واترك التشاؤم	37
16	﴿ خُذِ الْعَفْوَ وَأْمُرْ بِالْعُرْفِ وَأَعْرِضْ عَنِ الْجَاهِلِينَ ﴾	39
17	﴿ يُدَبِّرُ الْأَمْرَ مِنَ السَّمَاءِ إِلَى الْأَرْضِ ﴾	41
18	يَا أَيُّهَا الَّذِينَ آمَنُوا لَا يَسْخَرْ قَوْمٌ مِنْ قَوْمٍ	43
19	لا تتسرع في نقل الأخبار، بل تثبت من صحتها	45
20	كن قرير العين	47
21	فاستقم كما أمرت	49
22	﴿ فَلَا يَحْزُنكَ قَوْلُهُمْ ﴾	51
23	﴿ فَإِنَّ مَعَ الْعُسْرِ يُسْرًا ﴾	53
24	﴿ إِن يَعْلَمِ اللَّهُ فِي قُلُوبِكُمْ خَيْرًا يُؤْتِكُمْ خَيْرًا ﴾	55
25	﴿ وَلَا تَمُدَّنَّ عَيْنَيْكَ إِلَى مَا مَتَّعْنَا بِهِ أَزْوَاجًا مِّنْهُمْ ﴾	57
26	﴿ وَلْيَعْفُوا وَلْيَصْفَحُوا أَلَا تُحِبُّونَ أَن يَغْفِرَ اللَّهُ لَكُمْ ﴾	60
27	الله الكافي	63
28	تعزَّ بمن سبقوك	65
30	يَحْسَبُونَ كُلَّ صَيْحَةٍ عَلَيْهِمْ	67
31	لا تقابل الإساءة بالإحسان	69
32	الثبات والتأني في المصائب	71

33 سعادتك في داخلك	73
34 إشارات على الطريق	75
35 وَكُلُوا وَاشْرَبُوا وَلَا تُسْرِفُوا إِنَّهُ لَا يُحِبُّ الْمُسْرِفِينَ	77
36 لحظة اليأس هي لحظة الفرج	79
37 فأما الذين آمنوا فزادتهم إيمانا وهم يستبشرون	81
38 ألا بذكر الله تطمئن القلوب	83
39 لا تجعل بينك وبين ربك فجوة	85
40 ماهو حالك مع البلاء	87
41 وَكَذَلِكَ جَعَلْنَاكُمْ أُمَّةً وَسَطاً	89
42 تأمل الجانب المشرق من المصيبة	91
43 إنه الله	93
44 وَيَرْزُقْهُ مِنْ حَيْثُ لَا يَحْتَسِبُ	95
45 دواء الأحزان	97
46 لا تبك على ما فات	99
47 أكثر من الاستغفار	101
48 اطمئن واطرد الهمَّ	103
49 لا تتجاهل الآخرين	105

50 فاصبر صبرًا جميلًا	107
51 رب لا يظلم ولا يهضم أحدا	109
52 اكسب الناس	111
53 حاسب نفسك	113
54 و لا تنسوا الفضل بينكم	115
55 عش اللحظة الحالية بوعي	117
56 لا تصاحب إلا مؤمنًا	119
57 قال معاذ الله	121
58 رتب أولوياتك	123
59 حول الخسائر إلى أرباح	125
60 أسس الراحة	127
61 توقف	129
62 احفظ لسانك	131
63 لا تتردد	133
64 لا تتجاهل الآخرين	135
65 حسِّنْ خلُقكَ	137
66 تفاعل مع الحياة بإيجابية حتى تسعد	139

67	عجبا لأمر المؤمن	141
68	﴿ وَإِذَا سَأَلَكَ عِبَادِي عَنِّي فَإِنِّي قَرِيبٌ ﴾	143
69	استمتع بلحظتك الحالية	145
70	﴿ وَاصْبِرْ عَلَى مَا يَقُولُونَ وَاهْجُرْهُمْ هَجْرًا جَمِيلًا ﴾	147
71	عامل الناس بما تحب أن يعاملوك	149
72	لكل أجل كتاب	151
73	الودود	153
74	لن تصل للكمال	155
75	لا تلتفت للوراء	157
76	احرص على ما ينفعك	159
77	اعرف قدر نفسك	161
78	جدد حياتك	163
79	يحبهم ويحبونه	165
80	(استعينوا على قضاء حوائجكم بالكتمان)	167
81	أسباب انشراح الصدر	169
82	حاجة الإنسان إلى علاقة ثابتة مع الله	171
83	كن أنت	173

84 اقبل النقد البناء 175

85 حياة الصحابة 177

86 رفقًا بالقلوب من التعلق بالأسباب والانشغالات 179

87 تأمل كتاب ربك ليهدأ قلبك 181

88 رفقًا بالقلوب في التعلقات الدنيوية. 183

89 ﴿لَّا يَسْتَوِى ٱلْخَبِيثُ وَٱلطَّيِّبُ وَلَوْ أَعْجَبَكَ﴾ 185

90 ﴿وَأَصْلِحُوا ذَاتَ بَيْنِكُمْ﴾ 187

91 من أسباب طمأنينة القلب 189

92 يا الله 192

خاتمة 195

الفهرس 197

✸ ✸ ✸